教室・学校図書館で育てる

小学生の情報リテラシー

目次

はじめに　6

今、子どもに育てたい情報リテラシー……9

第1章　子どもの願いをかなえる「情報リテラシー」とは……10
◆「先生、この虫なんだろう?」10
情報リテラシーとは　13
情報リテラシーの必要性　16

第2章　情報リテラシー育成のゴールイメージ……19
「情報リテラシー」という言葉　19
情報リテラシー教育の基本　21
小学校での情報リテラシー育成のゴールイメージ　25

第3章　情報リテラシーを育てる年間計画を作る……28
1　縦断的に育てる―年間の指導計画を見渡して　28
2　横断的に育てる―教師の視点として情報リテラシーを位置づける　33

情報リテラシーを育てる指導の実際……35

第4章　低学年での情報リテラシーの育成……36
◆「これは毛虫なの?　青虫なの?」36
1　低学年期の指導の重点　39
2　学校図書館・本との好ましい出会いをコーディネートする　40

■読み聞かせで本に親しむ　43　■読書ノートで足跡を残す　45
3　低学年児の好奇心を生かした情報リテラシーの指導　48
■子どもの好奇心を生かした情報リテラシー育成の場面～作る時～　48
■わりばしでっぽうを作る　49
4　意欲を生かした情報リテラシーの指導　53
■意欲を生かしてリテラシーを育てる　53　■尋ねる技も必要　54
■尋ねる技はどう育てるか　56　■図鑑の読み方の指導　59

第5章　中学年での情報リテラシーの育成……69

◆「子どもだけでも火はおこせるんだよ」～ある子どもの作文から　69
1　中学年期の指導の重点　72
2　学校図書館の利用の初歩的指導に取り組む　73
■中学年児の実態に合わせた図書館利用の初歩　73
3　レファレンスツールの使い方の指導　78
4　教科・総合学習の場での学校図書館活用　82
■図書館利用初歩から次の段階へ　82
■問題解決的な場面での利用（「火をおこしてクッキング」）　82
■教科学習の場での学校図書館活用　85　■教科書・副読本の活用　86
5　学校図書館を学習資料センターに　89
■学校図書館を学習資料センターとして整備する　89
■学習資料センターとして学校図書館を活用する　91

第6章　高学年での情報リテラシーの育成……93

◆「成功、上映大会　～映画を作ろう～」93

1 高学年期の指導の重点 97

2 図書館利用指導の仕上げ 98

■分類の指導 99　■ノンフィクションの読書を勧める 103

3 問題解決の場で情報リテラシーを用いる 106

■様々な学習の場に位置づけ年間を見通して情報リテラシーを育てる 106

■問題解決は表現すること 111

4 問題解決のプロセスをなぞってみる 112

■問題をどう設定するか 112　■再び教科書の活用―0冊目の本としての教科書 113

■ウェビングで問題をしぼる 114　■一冊の本を選び、カードに書きながら読む 117

■カードを並べ構成を考えて書く 122

5 切実性のある問題解決過程で用いる経験を持たせる 124

■ある社会科の授業の場面から 124　■調べていくとどんどん謎がふえてくる 125

■追究しながら調べる力も磨かれていく 127　■映画づくりと映画づくりの本 128

■卒業研究で自分らしい問題の解決を 130

6 レファレンスツールの使い方指導を進める―事典・年鑑・図鑑 132

7 挿絵、図等から始める、多様なメディアを読みとる指導 136

8 ホームページ、デジタル資料の読み方 138

9 新聞・テレビを読む 140

新しい技術(ICT)を使う情報リテラシーを育てる……145

第7章　デジタルの情報リテラシーを育てる……146
1　インターネット、コンピュータを後回しにできない時代　146
2　指導の重点はデジタル表現の特質、検索リテラシー、情報モラル　148
■コンピュータ、ネットの情報リテラシーを育てる　149
■デジタル表現の特質とは　153
3　情報モラルを育てる　154

情報リテラシーを自らのものとするために……159

最終章　情報リテラシー育成で最も大切なこと……160
1　情報リテラシー育成の上で最も大切なことは何か　160
■悠君の「はなげ」の研究　160
■情報リテラシーを駆使しようとする意欲＝力こそが重要　163
■意欲＝力をどう育てるか　166
2　二段構えで子どもを育てる　167
3　忘れてはならない読書の習慣　169

参考文献一覧　171
おわりに　172
さくいん　175

※収録した資料のうち、Yのマークを付したものは、東京学芸大学附属世田谷小学校学校司書、吉岡裕子さんが作製されたものです。
※文中の子どもたちの名前はすべて仮名です。

———はじめに

「先生、呑川（のみかわ）の水源がどこにあるのか考えてみたんだけど…」

二年生の健一君が私の所にやってきます。学級で話題となっている呑川の水源について調べてきたのです。彼のノートには、区史の本からコピーした地図がはられています。

「お休みの時に、近くの図書館に行って、調べてきたんだけどね…」

健一君の話は続きます。おとなの力を借りながらとはいえ、小学二年生の子どもが、歴史の本を読み、地図を読むとは！　と、子どもの発揮する力にはしばしば圧倒されます。


子どもの「学力低下」の問題が取りざたされています。国際的な学力調査の結果が大きな影響を与えていますが、文部科学省が推進してきた「ゆとり教育」に対する不信がその底流にはあるのかもしれません。「低下」に対して、学力調査を実施し実態をつかんでスコアを上げる努力に教育界は力を入れ始めています。しかし小学校の教師として実際に子ども達と接する立場にある私にとっては、現在の問題は、そこにはないのでは、という気がしてなりません。

「学力」が「低下」したと言いますが、それよりもむしろ、子どもの中で学校での学びの地位が低下しているといった方がしっくりくる感じがします。こんな状況を「学びからの逃走」と表現※される研究者もいます。確かに数値化可能な「学力」も重要な学力で軽んじるつもりはないのですが、今求められているのは、数値化できない、子どもたちが自らの人生を切り拓き豊かにしていく学力であり、学ぶたのしさの再発見ではないでしょうか。

　子どもは本来的に好奇心旺盛な存在であるということに異論を唱えられる方はいないでしょう。目新しいものに強く興味を示し、見慣れぬものにでも物怖じせずに取り組んでいきます。子どもは本来的に冒険者であり、よき学び手なのです。だから、知的好奇心が満たされる学校での学びは、子どもらにとってたのしいものであるはずです。しかし、学校での学びは、広がりや深まり、高まりを求めていくので、そのたのしさは若干のハードルを越えねばなりません。「楽」の字よりは「愉」の字で示されるたのしさでしょうか。

　子どもの知的好奇心が自由に発揮されるためには、ハードルを飛び越えるための力と技が必要です。それが情報リテラシーです。この情報リテラシーの身につけ方も大切です。学校では子どもの「知りたい！」に応えるよう、タイムリーに学ぶ内容が提示されているわけではありません。学校の都合で示され、付き合わされるわけです。知りたい時に、知りたいことを調べると、知りたかった事柄や調べ方はずいぶん子どものものとなります。冒頭紹介した健一君のようにです。そしてなにより「わかった、調べてよかった」という実感が次への力となっていきます。しかし、教える側にもいろいろと都合があり、ここも悩ましいところです。工夫が必要です。

本書では私の学級の子ども達に登場してもらって、子ども達が願いをかなえ情報リテラシーを身につけていった物語を綴っていこうと思います。もちろん、その子ども達をどのように教師が支えていったのか、特に学校図書館・図書をどのように利用し、学校図書館スタッフとどう連携していったかもです。

「子どもの学ぶ力をどう育てたらよいか？」、「学校図書館を活用したいのだけれど」、そんなことに関心を持っていらっしゃる教師、司書教諭、学校図書館関係者、市民の皆さんに是非お読みいただければと思います。

※佐藤 学『「学び」から逃走する子どもたち』 岩波書店 二〇〇〇年

今、子どもに育てたい情報リテラシー

第1章　子どもの願いをかなえる「情報リテラシー」とは

◆「先生、この虫なんだろう？」

朝、息せき切ってけんた君が一年三組の教室に飛び込んできました。彼が大事そうに差し出した虫かごには、正体不明の幼虫がうごめいています。

「これね、藤が池のそばで見つけたんだよ。ひで君に聞いたけど何だかわからないんだ。なんだろう？」

ひで君はけんた君同様、我がクラスの虫博士で通っている子です。そのひで君にもわからないのです。けんた君は首をひねります。

「なんだろうね？」

と担任の先生もけんた君と一緒に虫かごをのぞき込みます。しかし虫は好きだけ

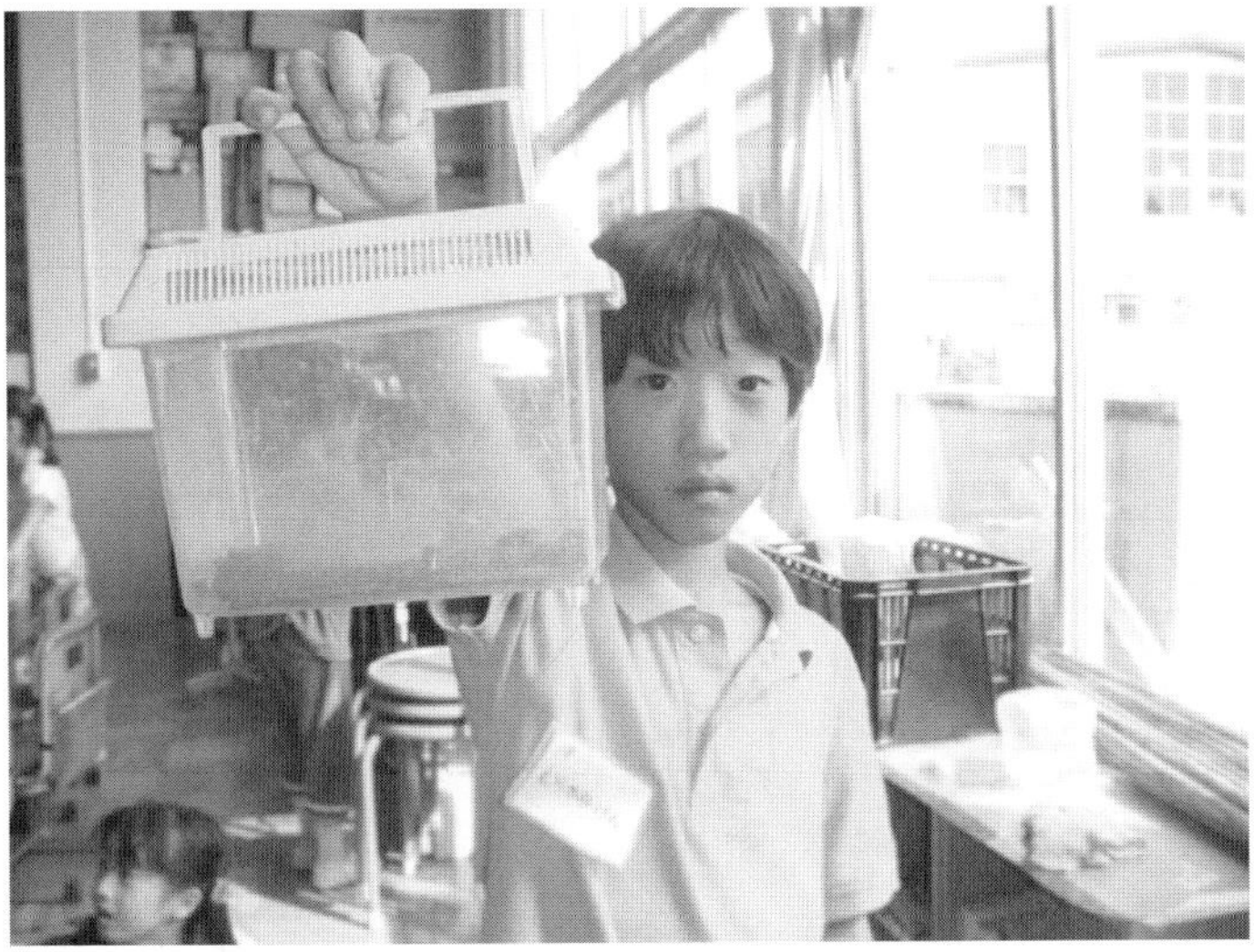

れどそれほど詳しくはない先生には、名前がよくわかりません。

　先生の反応に少し落胆したけんた君に、先生は
「名前はわからないけれど、調べられるかもしれないよ」

と声をかけました。

「えっ、どうやって？」

と聞き返すけんた君に、

「ついておいで」

と歩き出す先生。

　けんた君が、いったいどこへ行くのだろうか？　とずんずん歩いていく先生の後を歩きながら思っていると、たどり着いたのはメディアルーム（学校図書館）。少し前に初めて本を借りに来た部屋です。

「けんた君、司書の吉岡先生に相談してみよう。ここでこの幼虫の名前がわかる

かもしれないよ。ああ、吉岡先生この昆虫の名前を調べたいんですけど」

と声をかけると、やさしそうな声で吉岡先生が

「何を知りたいの？　虫？　えっ幼虫なの？　だったらねぇ、一緒においで」

といい、大きく「4」と書かれた書棚の前に連れて行ってくれて、一冊の本を選んでくれました。そして、本を開き、本の説明をしながら一緒に幼虫を探してくれたのでした。

「けんた君、多分この幼虫だと思うんだけど？」

と先生が指さす写真を見ると、確かに似ています。どうやらガの幼虫だったようです。

「へえ、シャクガの幼虫なんだ」

とうれしそうに図鑑をのぞき込むけんた君。その横で司書の吉岡先生がにこにこと笑っています。

情報リテラシーとは

前ページで紹介した一年三組のけんた君と虫のエピソードは、ことさら特別な情景ではないでしょう。都会の真ん中にある学校では難しいかもしれませんが、ある程度の樹木や草花のある学校ではよく見られるシーンだと思います。

植物や昆虫、生き物に興味を示す子どもは多いですね。しかしこのエピソードのけんた君のような子どもの質問に、すぐさま解答を示せる教師が一体どれくらいいるでしょうか？

残念ながら私は昆虫は好きですが、それほど詳しいわけではありません。けんた君のような子どもの問いには答えられないこともよくあります。

この日、けんた君は自分で捕まえた幼虫の名前を知りたいという問題をもったわけです。その問題解決過程で、ひで君や先生に聞くという調査活動を行ったのです。ところがけんた君が問題解決に役立つと選んだメディアである先生は、答えを知りませんでした。

そこで挫折するかに見えたけんた君の問題解決は、急展開をみせます。先生は虫の名は知らなかったけれど、虫の名前の調べ方を知っていたのです。すなわち、問いの答えを見つけるメディアの利用方法を知っていたのです。司書の先生の手を借りながら、昆虫の図鑑を見つけて、これではないかという幼虫の名を探し出したのです。

この経験をもとに、いずれけんた君は、今日、先生と調べたことをなぞって虫の名を調べに自分で図書館へ行き、図鑑を探し出して新たな虫の名前を突きとめることになっていくことでしょう（実際そうなっていきました）。そして、どんどん昆虫とのかかわりを深め、彼の内面・外面両世界を広げていくに違いありません。

少し飛躍していると思われるかもしれませんが、このような些細な一つひとつの問題解決体験が、彼の学び方や考え方、ひいては人柄を形づくっていくのです。事実、彼はよく生き物を見つめ

※1 メディアは『広辞苑』（第五版 新村出 編 岩波書店 一九九八年）では「媒体。手段。特に、マスコミュニケーションの媒体」とある。ここではけんた君が知りたい虫の名前を知るための仲立ちとして先生が機能しているので、先生も一種の「媒体」となっている。

けんた君の問題解決の過程

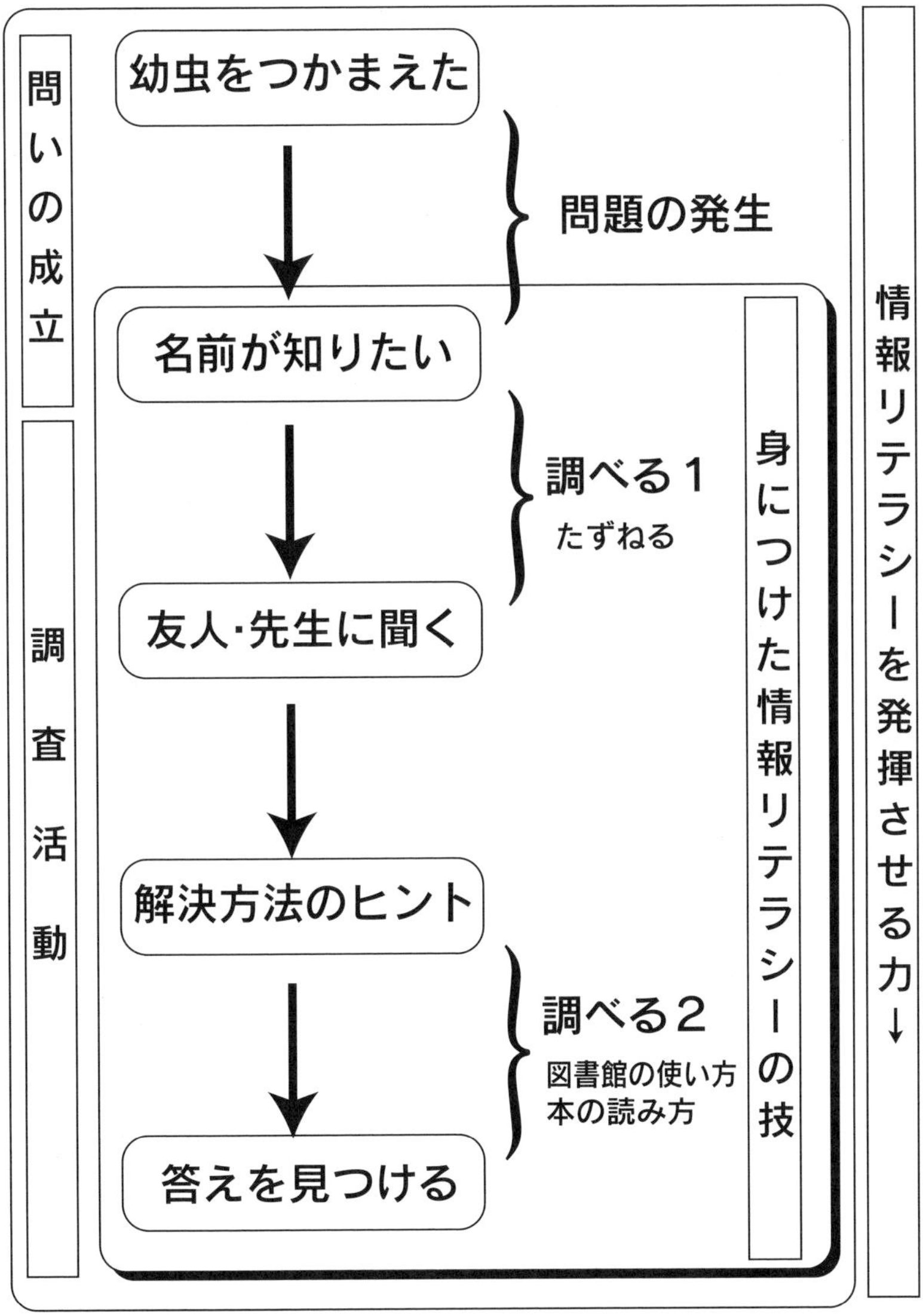

る子どもでしたが、本にはそれほど興味を示しませんでした。昆虫の問題で本と出会い直した彼は、他の種類の生き物、漢字などの異なるジャンルに対しても興味を発展させていきました。

私はけんた君が行ったように、自分が知りたいと考えた疑問に答えを見つけるために必要な力と技を**「情報リテラシー」**[※2]と呼びたいと考えています。すなわち「**自らの願いの実現のために、調べ、読み取り、考え、表現する力と技**」です。

この力と技は高度情報化社会、生涯学習社会などといわれる今を生きる子どもたちに必須の力と技ではないかと考えています。

情報リテラシーの必要性

現代を語る言葉は数多くありますが、二十一世紀を迎えようとした頃に話題になったのが、「生涯学習社会」や「高度情報化社会」という言葉でした。

現代社会を生きる私たちに求められる知識や技能は複雑・高度

※2　リテラシーとは、本来文字の読み書き能力をさす言葉であったが、現代では転じてある分野に関する知識や技能、能力を示す言葉として使われるようになっている。「情報リテラシー」とすると、情報を読みとり、活用するための知識や技能、能力について示すことになるが、ここでは上記のように定義づけた。

なもので、学校教育期間中に習得した知識等では覚束なくなってきてしまいました。学校教育を終了しても生涯学び続け、常にキャリアアップし続けて生きなければならないという状況が出てきています。

そこで学校教育の中で生涯学び続けていくための基礎となる自己学習能力や、学ぶためのメディア・リテラシー※3が重要だとされるようになってきました。

生涯学習の拠点となる社会教育施設、とりわけ図書館を利用できる力を育てることは、当然この中核となるべきです。

また情報通信技術の発達により我々のくらしを取り巻くメディアや情報の環境は大変にぎやかなものになってきました。総務省※4の調査によれば、携帯電話の世帯の保有率は約八九・六％であり、コンピュータの世帯の保有率が約八〇・五％、※5インターネットの世帯普及率は八七％※6となっているのです。

今やわたしたちは携帯電話やインターネットでのコミュニケーションなしで暮らすことは考えられなくなってきています。この

※3　現代社会においては文字以外の様々なメディアが我々に情報を提供している。そのような社会においては、メディアを使用し、解釈する能力、分析的に理解する能力が求められている。
D・バッキンガム著／鈴木みどり監訳『メディア・リテラシー教育』　世界思想社　二〇〇六年

※4　総務省情報通信政策局「平成十七年通信利用動向調査報告書 世帯編」平成十八年三月発表。
※5　同右。
※6　同右。

ようなデジタル情報中心の情報化社会で生きていくために、コンピュータやネットワークに関する能力を身につける情報教育は必要で、当面の大きな課題となっています。情報活用能力というと、[※7]本来は図書館の利用なども含む考えのはずですが、最近は主にこの方面のことを指していることがそれを反映しています。

しかし私はコンピュータやネットワークのような仮想的なデジタル情報のリテラシーをのみ重視すべきではないと思っています。それは生身の体を持つ人間として仮想的なデジタル情報は、けんた君のエピソードのような現実のリアルな情報を扱う体験をし、それとの比較や行き来のなかでよりよく理解できると実践を通じて実感しているからです。

このことは次章以降で触れていきたいと思います。

※7 アメリカではInformation Literacyといえば、主に図書館利用のリテラシーを指すようである。近年ではコンピュータの利用も当然含まれるが。

第2章　情報リテラシー育成のゴールイメージ

「情報リテラシー」という言葉

前章では十分な整理をしないまま、耳馴染んでいるようで、問われるとはっとする言葉を使ってしまいました。「情報教育」、「情報活用能力」、「メディア・リテラシー」、そして本書のキーワード「情報リテラシー」です。

情報教育は大変広い概念です。
手元にある辞典で見てみると[※1]、「情報化社会において人々が身につけておくことが望まれる情報技術の活用に関わる能力・資質を育成する教育」とありますが、現在使われるのはコンピュータやネッ

※1　今野喜清他編『新版 学校教育辞典』教育出版 二〇〇三年

トワークを利用したＩＣＴ※2に力点が置かれています。一九九一年に文部省（当時）は『情報教育に関する手引』※3を出していますが、そこで扱われているのは情報化社会の進展に対応すべく、教育の情報化を図ろうと、コンピュータをどう教育に組み込んでいこうかというものでした。

「情報活用能力」という単語は、当時の中曽根首相直属の審議会として発足し、二十一世紀の教育のあり方や教育改革を検討し、一九八六年にまとめられた臨時教育審議会第二次答申に現れた言葉に端を発しています。その後文部科学省は情報活用能力を情報教育の目標として位置づけ、情報活用の実践力、情報の科学的な理解、情報社会に参画する態度をその三本柱※4としています。そこでは一般的に情報とは書かれてはいますが具体的な記述になるとＩＣＴに関わるものが主となっています。

私が本書で「情報活用能力」という言葉を使わないことにしたのは、このいわば文部科学省公式用語の指し示すこととは異なることも内容として取り扱おうと思ったからです。現代社会を生き

※2　information communication technology。情報コミュニケーション技術。

※3　文部省『情報教育に関する手引』　ぎょうせい　一九九一年
　なお、この『情報教育の手引』の最新版は、『情報教育の実践と学校の情報化～新「情報教育に関する手引」～』（二〇〇二年六月）として文部科学省のホームページ上に公開され、適宜更新されている。

※4　文部科学省『学習指導要領における情報教育の改善内容』

る私たちが、情報を考える時に、主となるものがＩＣＴ技術関連のものであったとしても、教育の場では非ＩＣＴ系の情報に関する技術や能力（その最も大きなものが学校図書館の活用を中核とするものだと考えています）が重要だと考えているからです。

情報リテラシーと言う言葉を使いたいのはＩＣＴ・非ＩＣＴの両方について目配りされて使われている言葉だからです。

情報リテラシー教育の基本

社会や教育行政がコンピュータやネットワークに重点に置く情報活用能力の育成を強調しているのに、なぜ非ＩＣＴに関することも重要なのでしょうか。

実は私が学校図書館の活用を考えるきっかけとなったのは、コンピュータの教育利用をどうするかを考えたことでした。コンピュータの教育利用を考える担当として学校のコンピュータ環境をどうするか考え、授業での活用を考えていった結果、子どもがコンピュータを学びの道具として利用するには、コンピュータを使わずに学ぶ学び方と対比的に学んでいくと効果的であることが実践を通じてわかってきたのです。

例えば学習の中でインターネットのホームページ[※5]を利用しようと考えたとしましょう。ホームページの利用に関する授業にはまず次の四つが必要です。

①ホームページを閲覧するブラウザ・ソフト[※6]を操作できるコンピュータリテラシー
②必要なホームページを発見する検索のリテラシー
③ホームページ掲載の情報の真偽性を判断できるリテラシー
④ホームページを読み解くリテラシー

①は確かに大きなハードルとなることですが、今の子どもたちは見よう見まねでなんとかしてしまいます。

②は、はじめに教師が必要なページをあらかじめ選定しておき

※5　本来はインターネットのあるウェブサイトの入り口になる最初のウェブページのこと。

※6　通常はインターネット上のページを見るためのソフトをいう。代表的なものはマイクロソフト社のインターネットエクスプローラーやモジラ・プロジェクトのファイヤ・フォックスなど。

パスファインダーを作っておけば何とかなるでしょう。子どもがそれだけではもの足りず、自らホームページをさがして読むようになるのもそう遠いことではないはずです。[※7]

しかしながら③では、まずそのホームページの情報が読むに足る正確な情報なのかを判断できないといけません。けれども全く知らない事柄についてその真偽性を判断することは難しいでしょう。

その点公刊された書籍であれば一定程度の信頼性は担保されているはずです。まずはそこから知りたいことの基礎的な知識を手に入れることができれば、真偽性の判断もできるようになるでしょう。[※8]また、検索のためのキーワードを選び取るにも知りたい事柄を携えて書棚の前を歩き回り「これかな？」と本を手に取り試行錯誤をした経験がベースにあるとうまくいくようです。

つまり、ここではコンピュータやインターネット利用以前の情報リテラシーの下地がつくられているのです。

そして④ですが、ハイパーテキスト[※9]をどう読むかという新しい問題もありますが説明的文章等の文章を読む力がなければ全くお

※7　特定のテーマを調べるための資料のリストや調べ方の手順を記した情報検索ツールで、パンフレットのような体裁が多いが、ここではそのデジタル版でWWWのリンク集に相当するもの。

※8　拙稿「ホームページに書いてあることは本当？」『授業づくりネットワーク』NO.215　学事出版　二〇〇三年六月号

※9　アメリカのダグラス・エンゲルバートが考案した、文書を相互に関連づけ、結びつける仕組み。文章などの中に埋め込まれた目印をたどることで、関連した情報を次々に表示させていく。インターネットのWWWページの中で、キーワードや絵をクリックすると、関連ページに切り替わるのはこの仕組みによる。

話になりません。

このように、コンピュータやネットワークに重点を置いたICT教育[※10]をしていくにしても、そこで利用される多様な情報メディアを子どもたちが利用できるようになっていくには、書籍のような実感しやすい伝統的なメディアの利用経験とうまく組み合わせながら指導することが重要です。

※10　文章だけでなく、音声や静止・動画像も含む。

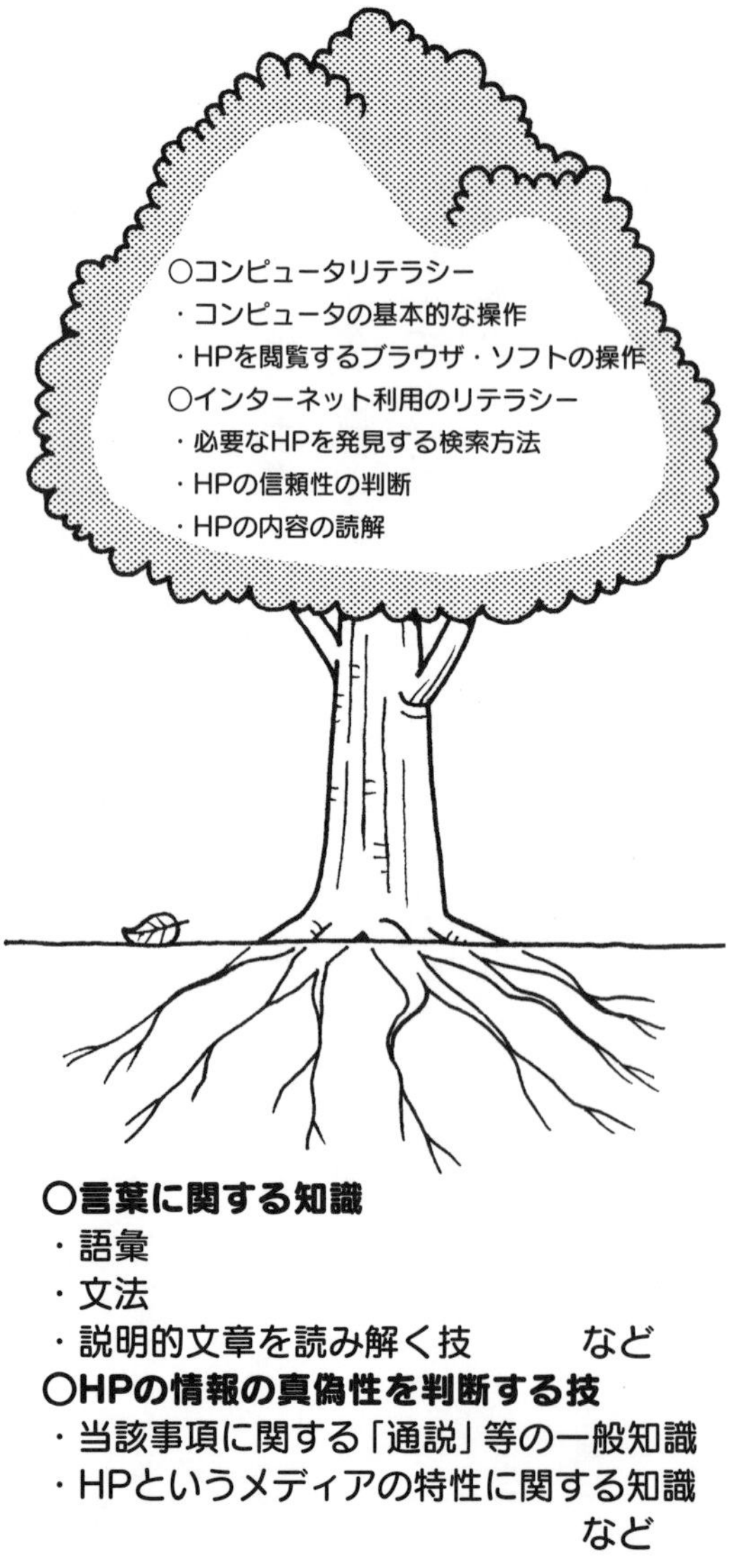
○コンピュータリテラシー
・コンピュータの基本的な操作
・HPを閲覧するブラウザ・ソフトの操作
○インターネット利用のリテラシー
・必要なHPを発見する検索方法
・HPの信頼性の判断
・HPの内容の読解
○言葉に関する知識
・語彙
・文法
・説明的文章を読み解く技　など
○HPの情報の真偽性を判断する技
・当該事項に関する「通説」等の一般知識
・HPというメディアの特性に関する知識
など

小学校での情報リテラシー育成のゴールイメージ

では、小学校の六年間でどのような情報リテラシーを身につけたらよいのでしょうか。

まず自分の知りたいと思ったことを実際に調べていくという問題解決のプロセスをきちんと体験させたいということです。もちろん情報リテラシーを育てるには、子どもが知りたい時でなくとも、読み解く力を育てたり、図書館やコンピュータの利用について指導したりする場面が必要です。

しかしそれら教師が意図的・計画的に用意し育てようとした情報リテラシーの技が実際にその子どもの力となり、実感できるような切実な問題解決場面を経ていることが必要です。

これを前提として、私は次のような経験をしてできるようになった姿をゴールイメージとして描いています。

小学校での情報リテラシー育成のゴールイメージ

好奇心が旺盛です。直接体験することはもちろん、メディアを利用して体験を広げたり深めたりすることが楽しいです。

知りたいことがあったとき、本をはじめとする様々なメディアを利用して調べたことがあります。

本が好きです。物語はもちろんのこと、ノンフィクションの本や様々な本に親しんでいます。

本や様々なメディアの特性に応じて読み解いたことがあり、できます。

調べたことをメモを取ったりカードを作ったりして記録し、考える材料を作ったことがあります。

自分が知りたかったことをまとめたり、人に知らせるために調べた事柄や知らせる相手・場に応じて様々な方法で伝えたことがあります。

これを要約すると

一　好奇心と追究意欲の醸成
二　読書愛好心の醸成
三　メディアを利用するリテラシーの育成
四　調査リテラシーの育成
五　情報を編集するリテラシーの育成
六　コミュニケーションのリテラシーの育成

ということになります。

第3章　情報リテラシーを育てる年間計画を作る

1　縦断的に育てる ― 年間の指導計画を見渡して

前章の終わりにお示しした、情報リテラシーのゴールイメージを実現していくにはどうしたらよいでしょうか?

子どもの情報リテラシー育成に、全校を挙げて取り組んでいる先進校に山形県鶴岡市立朝暘第一小学校[※1]があります。この学校では、教育課程の柱として図書館活用教育に取り組んでおり、全学年の教育課程が情報リテラシーを育てるために構成されています。

朝暘一小のように、全校を挙げて取り組めば、実践も行いやすく、効果も上がりやすいでしょうが、そのような学校でないと、

※1　二〇〇三年、第三十三回学校図書館賞学校図書館大賞受賞校。全校を挙げて図書館活用教育に取り組んでおり、数々の実践に全国的な注目が集まっている。

情報リテラシーは育てられないのでしょうか。

そんなことはないと私は考えています。現在担任している自分の学年・学級から、情報リテラシー育成への道は開けています。まずは、その年の年間計画を見渡してみましょう。

各教科・道徳・特別活動・総合的な学習の時間等でどのような単元・題材・活動を扱うのか一覧が示されているものを、前の章の「**情報リテラシー育成のための六つの重点**」を具現化するために、次の三つの視点から見るのです。

①　子どもの直接体験を重視した単元はどれか。
②　読み取る、考える、表現する活動を重視した単元はどれか。
③　本や図書館と関係を作れそうな単元はどれか。

それぞれの単元には固有の目標が設定されていると思いますが、それに加えて、情報リテラシーの目標を設定するのです。

〈第３学年年間指導計画〉

		4月	5月	6月	7月	9月	10月	11月	12月	1月	2月	3月
行事	学校行事	入学式	運動会		プール開き	水泳大会	教育実習					卒業式
	学年行事		サツマイモの苗植				サツマイモ収穫	収穫祭	社会科見学１		社会科見学２	
情報リテラシー	体験											
	読・考・表現	読:見る	考:KJ法 比較	表:ポスター・地図 発表	考:調べたことから	表:発表する	読:インタビュー・見る	読:テレビ番組 表:発表	表:パンフレット	表:新聞	考:比較	表:発表
	図書館	漢字辞典・図鑑	国語辞典	図鑑・地図	NDC	NDC	世界の祭・民謡	食関係 世界の市場		漢字辞典	漢字辞典	理科工作の本
教科	国語（光村）	1 本と出会う、友だちと出会う	2 まとまりに気をつけて読もう 「ありの行列」	3 わかりやすく書こう	4 本と友だちになろう	5 進んで話し合い、発表しよう	6 場面の様子をそうぞうしながら読もう	7 大事なことをたしかめよう	8 まとまりにわけて書こう		9 言葉っておもしろいな	学習したことを生かして
		読:きつつきの商売	読:ありの行列		読:三年とうげ	読:キリン（詩）	読:ちいちゃんのかげおくり	読:すがたをかえる大豆				読・聞・書:モチモチの木
				書:おもしろいもの、みつけた	書:本は友だち 本のさがし方			書:食べ物博士になろう ・本で調べる	書:せつめい書をつくろう	書:たから物をさがしに		
				話:道あんないをしよう		話・聞:分類ということ	話・聞:インタビュー			話・聞:名前をつけよう	話・聞:漢字と友だち	
		言:漢字の音と訓	言:国語辞典を使おう	言:くわしくする言葉		言:へんとつくり	言:反対の意味の言葉	言:こそあど言葉	言:ガンジーはかせの音訓遊び歌 ・送りがな	言:漢字の意味	言:漢字と友だち	
	社会（教出）	1 見つめてみよう わたしたちのまち			2 見直そう わたしたちのくらし				3 調べよう ものをつくる仕事		4 わたしたちの市はどんな所	
		1 まちをたんけんしよう	2 もっとしらべてみたいなあ	3 ポスターや絵地図にまとめよう	1 買い物調べをしよう	2 店を調べに行こう	3 上手な買い物するために（家の人と話してみよう）	・調べたことを生かして買い物をしよう ・世界の店や市場	・ほうれんそうをつくる仕事	・こちら「ほうれんそう新聞」へんしゅう部		・おいでよ、わたしたちの市へ ・産地マップをつくろう
	算数（学図）	1 たし算とひき算	2 かけ算	3 かけ算のひっ算	4 時間と時刻 5 表とグラフ	6 長さ 7 かさ	8 わり算	9 形 10 大きな数	11 あまりのあるわり算	12 2けたのかけ算	13 重さ 14 箱の形	15 3年のまとめ
	理科（大日）	◎しぜんたんけん①	2 チョウをそだてよう⑨	こん虫をしらべよう⑤ ～7月	◎ 植物の育ち方(3) 花がさいて実ができた②	◎ 植物の育ち方(4) 実がじゅくしたよ④	4 太陽のうごきをしらべよう⑥ ～10月	5 太陽の光のはたらきをしらべよう⑩ ～11月	6 豆電球にあかりをつけよう⑨	7 じしゃくのふしぎをしらべよう⑩ ～2月		◎おもちゃショーをひらこう②
		1 植物の育ち方(1) たねをまこう⑥	◎ 植物の育ち方(2) どれだけ育ったかな③ ～6月		◎ ぼく・わたしのじゆうけんきゅう③							
	音楽（教出）	・歌うのだいすき ・ふしとリズム ・こんにちは リコーダー				・曲の感じをとらえて ・お祭りや民ようめぐり				・様子を思いうかべて ・みんなのアンサンブル		
	図画工作（開隆堂）	タイヤをつけて出発進行!!	ほって、けずって、ひらめいて	ゆめをつめこんで	光と色のファンタジー	いつものばしょで…	くぎうちトントン	くつ下や手ぶくろにまほうをかけると	はんで広げたゆめ	のばせ、せん・線	ふしぎなのりもの	ふくろのなかみは ひ・み・つ
						ようこそ、キラキラのせかいへ	すきなものをすきな色で	フワフワさんのドアかざり		だんだんだんボール	はこのなかみは ひ・み・つ	小さなびじゅつかん
	体育	タグラグビー	鉄棒	リズムダンス	水泳	○○忍者参上	走り幅跳び	ティーボール	マット運動	かけっこ・リレー	とび箱運動	サッカー

①は、「**一　好奇心と追究意欲の醸成**」にかかわるところで、子どもたちの学ぶ意欲が喚起されやすい、見学や製作などの直接体験活動に注目します。子どもたちの興味関心は喚起されるのですが、注意して実践していかないと、体験しただけになってしまうということは皆さん十分承知されていることと思います。

そこで、体験で手に入れた実感・感動、疑問等を振り返ることができるように活動を工夫して、直接体験からメディアを利用した間接体験へと学習が発展していくように工夫できるところはないか考えるのです。

例えば、二年生が生活科の学習でさつまいも掘りに出かけたとしましょう。さつまいもを掘りながら、つるの長さに驚く子どもが出ることでしょう。この驚きから、つるの長さがどれくらいあるものなのか、つるにはどんな働きがあるのか、さつまいもがどのようにして育つかや、その不思議について知りたいと考える子どもに即して、直接体験を間接体験（メディアを利用した体験です

ね）へとつなげていくことを考えます。活動をこうした方向へとアレンジしていくことができれば、本やビデオを使って学ぶ場を設定でき「**三　メディアを利用するリテラシーの育成**」や「**四　調査リテラシーの育成**」を育てる場を拓くことができるわけです。

②は、学習の中で子どもが目にした情報をどのように読み取り、考え、表現していくのか育てる場をどう拓いていくかということについてです。「**三　メディアを利用するリテラシーの育成**」や「**五　情報を編集するリテラシーの育成**」、「**六　コミュニケーションのリテラシーの育成**」にかかわるところです。

これまでも、意識のある教師は、年間の指導の中でノート指導をどうしていくか、表現の技をどのような段階でどう育っていくかなどを考え実践してきたと思います。これはどのような教科、領域の単元でも実施できるところなので、よく考えたいところです。もちろん、①であげた活動にかかわらせていくことも考えられます。

③は「**三　メディアを利用するリテラシーの育成**」「**四　調査リテラシーの育成**」にかかわるところですが、重要なところです。各

学校が持っている情報の倉庫が学校図書館です。ここが使えるようになっていくと、子どもの問題解決の幅が広がりますし、深まります。また、学校図書館が使えるようになっていくと、地域にある公共図書館も使えるようになっていくのです。授業の中で「学校図書館にいって調べてみましょう」等と声のかけられそうな場面を探しましょう。

これら三つの視点で年間計画を見直していくと、情報リテラシーを育てる場はかなりたくさん見つかるはずです。そしてそれらを関連づけ、一年間でどのような技が身についていくのかを整理し、順序だてていくのです。

2　横断的に育てる　―　教師の視点として情報リテラシーを位置づける

指導計画の見直し・再構成に加えて重要なのが、教師が、どのような場であってもこのような技を育てていくのだという視点を持って指導にあたることです。具体的には情報リテラシーを育てる六つの重点を常に頭の片隅におき、自分の指導している子どもたちであったら、この年のおわりまでにはこのような姿にしよう、それには今このことを、と考えられるように整理しておくことが大切です。

例えば、二年生の子どもの「一　**好奇心と追究意欲の醸成**」であれば「**その子の好きな事柄を知り、それについて知りたいという時を捉えて勧める**」とか、「四　**調査リテラシーの育成**」であれば「**知らないことを家族等の人に尋ねたり、本を紹介してもらって調べる体験を持つ**」です。

加えて最後に子どもたちが本に親しむ場を年間を通じてどのように設けていくかということです。「二　**読書愛好心の醸成**」にかかわることです。教師が読み聞かせをしたり、ブックトークをしたりして本への関心を高め、読書の習慣を確かなものにし、子どもたちが自然と本へ向かえるようにしていくことは重要です。大好きなお話を楽しみながら、情報を読み解く力も一緒に育てられる読書は大変重要です。

情報リテラシーを育てる指導の実際

第4章　低学年での情報リテラシーの育成

◆「これは毛虫なの？　青虫なの？」

　二年三組の教室に入ると、なにやら怪しい気配です。

ひとりの子どもが駆け寄ってきて私に向かって話します。

「先生が出張したとき、大事件が起こったんだよ」

　事情を聞いていくと、私が出張で不在だった日のお昼休み、畑係の子どもたちは教室前の学級園で水やりや雑草抜きなど、畑のお世話をしていたのだそうです。

　ところが、そこで毛虫を発見して驚いた女の子が騒ぎだして
「水を持ってきて！」

と周りの子どもに頼み、畑の隅に開いていた穴に毛虫を入れて、水攻めにしててし

まったのだそうです。

騒ぎを聞きつけて見に来た虫好きのこう君やけん君が

「殺さなくったっていいじゃないか」

「ひどいじゃないか！　青虫にだって命があるんだ」

と責めるように言い出し、その剣幕に驚いた畑係の子どもたちが泣き出した。これが事件のあらましだとわかりました。

畑係の子どもたちに、どうして虫を水攻めにしたのか尋ねると、騒いだのは悪いと思うけれど、畑の野菜を食べてしまう虫だから退治しなくちゃいけないと考えたのだと話してくれました。抗議したこう君やけん君は、畑の野菜を食べる毛虫じゃないかも知れないし、そうだとしても、遠くに逃がせばいいじゃないかと、まだ鼻息荒く話してくれました。

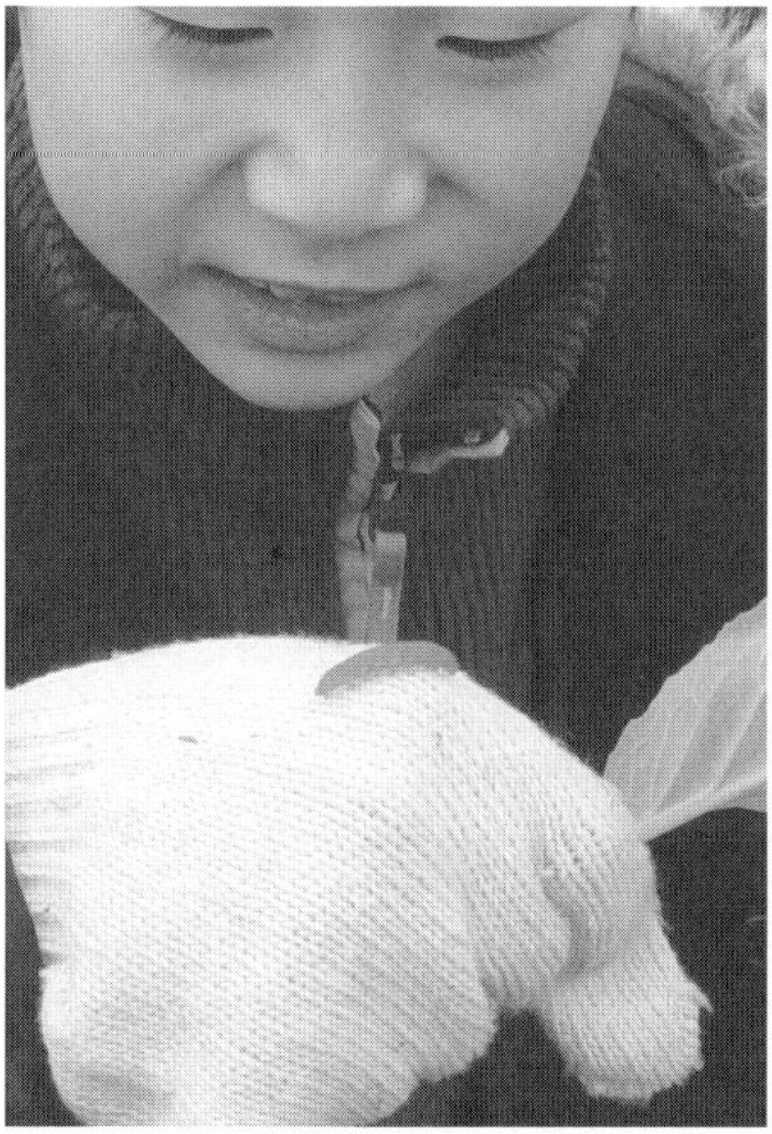

畑係の子どもたちは、毛虫＝害虫と捉えて何とかしなければと考えた

のですが、こう君たちは青虫＝野菜には害をなさない虫と考えたようでした。

「みんなはその虫が畑の野菜を食べてしまう虫かどうか知っているの？」

と私が尋ねると首を横にふる子ばかりです。

「まずはそこがわからないと、解決できないね。まず、青虫と毛虫の違いを調べない？　それにその虫のこと、図鑑で調べてみませんか？」

と私が声をかけると子どもたちははっとしたような顔をして、口々に「そうだね」「調べなくっちゃ」といいました。

メディアルーム（学校図書館）へ行き、まず国語辞典で「毛虫」と「青虫」の違いを調べました。毛虫と青虫にはどうやら大きな差はないようです。ただ、毛虫には、人にとって悪いことをするもののような意味もあるようです。

次に図鑑で調べはじめました。一年生の時に図鑑の使い方を学んだ子どもたちは、目次からチョウやガの仲間のページにあたりをつけ、ページをめくり、写真を一つ一つ丁寧に見ていきました。どこかで「あった！」の声が聞こえました。畑係の子どもたちが見つけた毛虫に似たガの幼虫の写真を見つけたようです。子どもたちが見つけた毛虫は、どうやらトマト等の茎や葉を食べるガの幼虫であることがわかりました。それをもとにしてまた話し合いは続きます……。

１　低学年期の指導の重点

私は、低学年期には特に、二六ページで述べた「一　好奇心と追究意欲の醸成」と「二　読書愛好心の醸成」が最も重要だと考えます。

二については多くの学校で様々な工夫を凝らした実践があります。[※1]ところが、一については意外に意識的に取り組まれていません。

小学校に入学したばかりの入門期の子どもたちは好奇心旺盛です。目にすることすべてが物珍しく映り、知りたいことでいっぱいです。この心情は願いをかなえようとする力の根幹になるものだと思います。これを大切に育てていかずに、様々な技（リテラシー）を育てようとしても、それはその子どもに根づかないものとなってしまうでしょう。

教師が教えたい・身につけさせたいと願う気持ちはわかります。しかし、その子どもにとって意味あるものとして意識されなければ

※1　ストーリーテリング、読み聞かせ、ブックトーク、アニマシオンなど、様々な取り組みがある。黒澤浩編・著『新・学校図書館入門―子どもと教師の学びをささえる―』の第二章参考。草土文化　二〇〇一年

ば、長く維持される力とはなりません。子どもの好奇心を大切にしつつ、それをもとに追究していく経験をうまく持たせたいものです。そのプロセスの中で先の「三 メディアを利用するリテラシーの育成」から「六 コミュニケーションのリテラシーの育成」までを育てる機会がめぐってきます。その機会をうまく捉えていけばよいのです。

2 学校図書館・本との好ましい出会いをコーディネートする

低学年期は学校の様々な施設設備との出会いの時期です。特に一年生は毎日が新しい出会いで一杯です。好奇心旺盛な低学年の子どもたちはどんなことにでも期待感を持ってくれますし、意欲的に取り組んでくれます。ただ、新しい場所や、新しいことに尻込みしたり気後れする子どもがいることも事実です。そこで、元気いっぱい意欲いっぱいの子どもたちのエネルギーを借りて、期待感を盛り上げて、学校図書館や本との出会いをうまくコーディネートしたいものです。

私は学校司書の吉岡先生と相談して、一年生の教室まで、「メディアルームの出前」※2をお願いすることにしました。

私の勤務校には専任の司書の先生がいます。司書の先生は子どもたちがいる時間には必ずいるので、一年生から六年生までの子どもの顔と名前がすべてわかっていて、どの子がどんな本を好きなのか、どんなふうに成長しているのかも熟知しています。

私は専任の司書の方のいる学校図書館のありがたさを身にしみて感じています。「メディアルームの出前」も司書の吉岡先生の提案によるものです。入学直後の一年生が一番安心していられる学級教室に読み聞かせの出前をしてもらいます。読み聞かせから本の楽しさを再確認し、この本がたくさんあるところとして学校図書館を紹介してもらってから図書館を訪れるという計画です。

当日は、予告せずに、いきなり

「これからお客さんがいらっしゃるんだよ」

と話して吉岡先生に入ってきてもらいました。子どもたちはそれ

※2　勤務校では「学校図書館」を様々なメディアと出会い、活用する場としようと考え「メディアルーム」と名付けている。ただ、学校によってコンピュータ室をメディアルームと呼ぶところもあるようなので、以下特別の場合を除いて「学校図書館」とする。

なお、東京学芸大学附属世田谷小学校の教育実践については次を参照のこと。

東京学芸大学附属世田谷小学校著『個のよさが生きる授業』一九九五年、『個のよさが生きる学校』一九九六年、『個のよさが生きる総合学習の展開』一九九八年、『だから学校大好き―子どもとともにつくる総合的な学びの場』一九九九年、『授業改革への道しるべ』二〇〇五年　いずれも東洋館出版社

だけでもビックリしているのに、たのしそうな本を見せてもらい、それを読んでもらえるというので喜んで教室の前の方へ集まってきました。

一冊目の読み聞かせがおわり、「もっと読んで！」の声に応えて二冊目も読んでもらい、十分楽しんで、「もっと読んで！」という雰囲気がまた盛り上がったところで先生は、

「みんな、この本はメディアルームにある本を持ってきたの。メディアルームにはこの他にも楽しい本がいっぱいあるのよ。来てくださいね」

と締めくくって教室から出ていきました。

子どもたちは教室を出て行く吉岡先生に「今度行くね！」「まっててね！」と口々に声をかけます。大成功です。

こんなふうに司書の先生と顔見知りになり、学校図書館に期待を持ってくれました。後は、この熱の冷めないうちに—ちょっと焦らしたりもして—子どもたちを実際に学校図書館に連れて行け

ば、学校図書館との出会いも一層楽しいものとなっていきます。

■読み聞かせで本に親しむ

低学年期は、まだまだ自力で本を読むことが難しい時代です。もちろん、自力で読める子どもにはどんどん読んでいってもらいたいのですが、無理にやってもうまくいかず、本嫌いになってしまうことだってあります。

そこで、まずは読み聞かせから物語の世界に親しんでもらい、徐々に自立した読み手へと育っていってもらうという道筋を大切にした方がよいように思います。自力で読める子どもにも、あまりその子が選ばないジャンルの本と出会わせてあげるという役割も果たします。また、文章を綴りはじめた低学年の子どもたちには、真似すべき文のお手本としても機能します。

先にあげた朝陽第一小学校※3の先生の中には一年生に三百冊以上の本を読み聞かされた方もいらっしゃり、ただただ驚くばかりですが、私もそれに続けと、何とか週に一冊は読み聞かせたいと思

※3　二八ページ参照。

ってやっています。学校図書館に行くたびに司書の吉岡先生も一冊ずつ読んでくれますから、私のクラスの子どもは年に八十冊ぐらいの本を読み聞かせられていることになるかと思います。読み聞かせの選書にも司書の先生は相談にのってくれて大変助かります。

学校司書は子どもの本の専門家なので、担任の私が読み聞かせをしたいと思って「七夕に関係する本ないですか?」とか「今、川の探検をしているので、川のことが出ている本はないですか?」※4とか「最近学級で嘘をつく子どもがいて困っているのですが」といった結構無理な注文を出しても応えてくれ、「これどうですか?」と本を探してくれます。

学校司書がいない学校もまだまだ多いと思います。そういう時は子どもの本を紹介する雑誌や本、インターネットのホームページやメーリングリスト※5を利用することも手です。※6子どもたちに読み聞かせのシャワーを浴びせ、お話好き、本好きにし、情報

※4　ブライアン・モーセズ文／たなか まや訳『もう うそつかないもん』評論社　二〇〇一年

※5　複数の人に対してメールを送信するもので、MLなどと略される。ある特定のメールアドレスにメールすると、参加しているメンバー全員にそのメールが配信される。

※6　学校図書館の本を選ぶ際の基本的な情報は次の通り。

【単行本】

・全国学校図書館協議会『学校図書館基本図書目録』全国学校図書館協議会（各年度ごとに刊行）
全国学校図書館協議会の選定に合格した図書を対象にして、小・中・高等学校の三部にわけて日本十進分類法の分類番号順に配列した図書目録である。巻末に書目索引、著者名索引が付いている。

・全国学校図書館協議会必読図書委員会編『何をどう読ませるか』全国学校図書館協議会　一九九四年
全国学校図書館協議会による読書指導体系に基づいて選ばれた目録で、小学校では三分冊で低学年（第一群）中学年（第二群）高学年（第三群）に分けられ、五十点程度の図書それぞれに参考資料と指導上のポイントが書かれている。

リテラシーの基盤となるところを育てたいものです。

■読書ノートで足跡を残す

読んだ本をそのままにするのは惜しい気がします。また、年齢が上がり自分の読書の足跡を振り返ることができるようになると、それを通じて本の読み方や読むジャンルが発展します。

そこで、低学年のうちから「読書ノート」をつけるよう指導していきます。この時期は書くよりも読む方が速いので、読書ノートが負担になり、本を読むことが嫌いになっては本末転倒です。

そのことを肝に銘じながら、まずは記録でよいので、分類、著者名、書名、読書した日を書いてもらいます。そして、可能であれば、本を読んだ感想を一言、低学年では文でなくて絵でもいいので、と記録していってもらいます。

・日本児童図書出版協会『児童図書総目録』日本児童図書出版協会
各年度で発行されている。日本児童図書出版協会のホームページでも利用可能。

これら基本的な目録の他に次のガイドブックのように様々な切り口のガイドブックも出ている。
・キラキラ読書クラブ『キラキラ読書クラブ　子どもの本６４４冊ガイド』日本図書センター 二〇〇六年

【雑誌】
・日本児童図書出版協会『新刊情報　子どもの本』日本児童図書出版協会　月刊（Web Site 有）
・クレヨンハウス『月刊 クーヨン』（Web Site有）
・『月刊 MOE』白泉社（Web Site 有）
また、不定期だが、「別冊太陽」の絵本の特集なども見ておきたい。

（以下本書記載のWeb Site URLは二〇〇七年二月現在）
・国立国会図書館　国際子ども図書館
（http://www.kodomo.go.jp/）

児童図書総合目録の検索が便利。他にも多彩な児童書情報が提供されている。
・絵本ナビ（http://www.ehonnavi.net/）
絵本を選ぶための情報が豊富。
・児童文学書評（http://www.hico.jp/）
児童文学作家らによる児童文学データベースサイト。

その他ネット書店のサイトが新刊紹介・書評等の情報を提供していたり、作家のホームページや学校図書館関係者のホームページ等が児童と諸関係の有益な情報を提供していたりするので参考になる。

東京学芸大学附属世田谷小学校で使用されている読書ノート

〈低学年用〉

１冊に50冊の読書記録が書ける。

〈中・高学年用〉

１冊に100冊の読書記録が書ける。

〈低学年用読書ノートの構成〉

見返しの部分に書き方の説明がある。

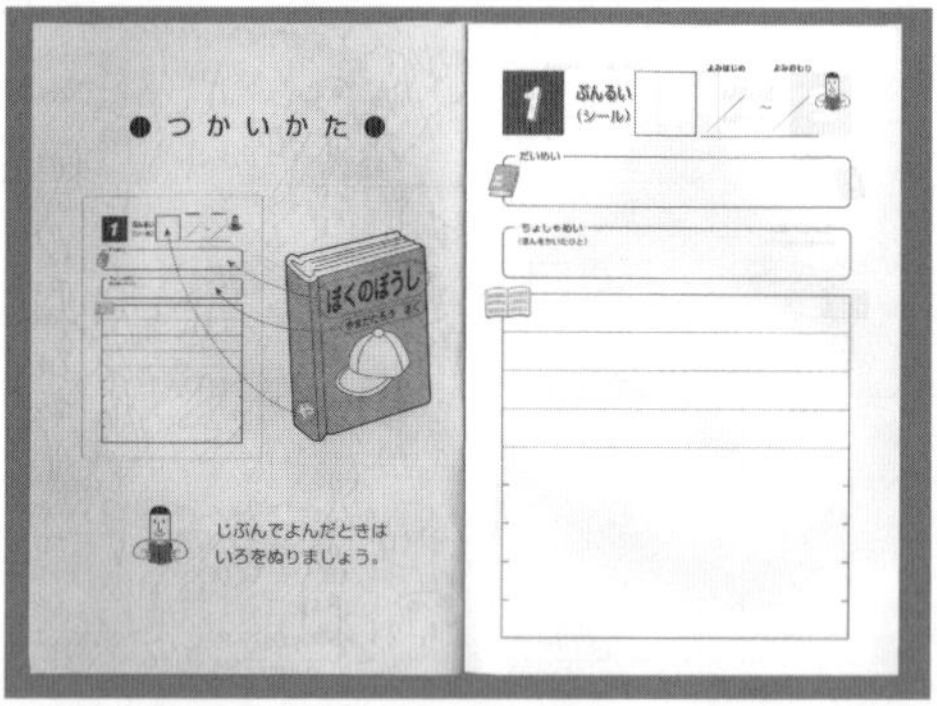

１ページに１冊書きこめるようになっている。絵を描き込んでもよいが罫線を引き足して文章を続けることも可。

（最新版。絵と文章をかく位置が左ページの使用例と逆になっている）

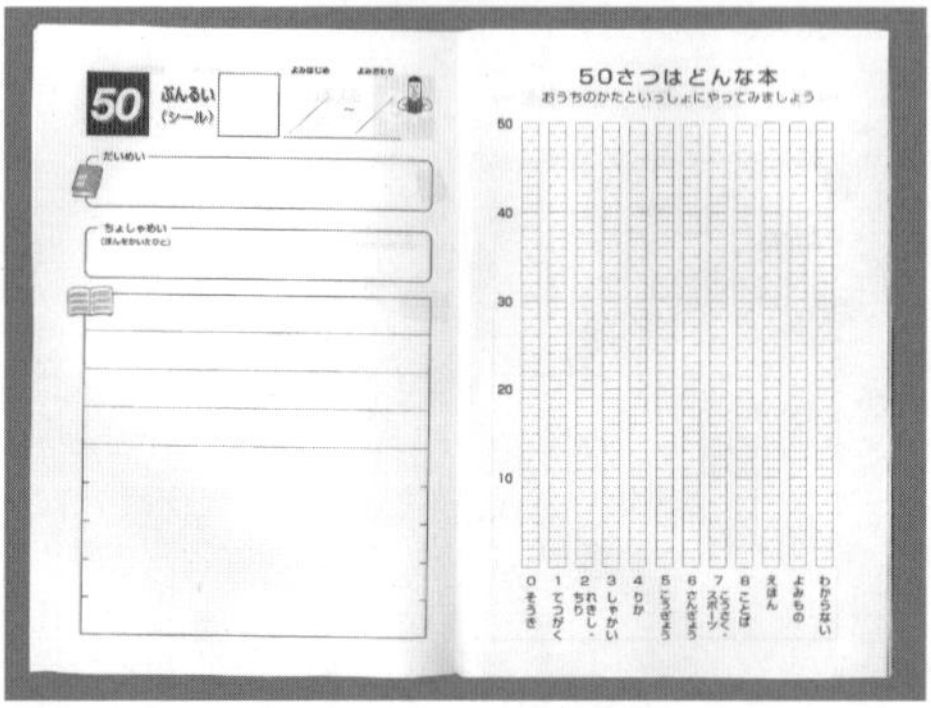

50冊書きこんだらどんなジャンルの本を読んだかふり返る。十進分類で分類し、グラフを作る。低学年の場合は保護者や教師と一緒に分類する。

最終ページは50冊の本から自分のおすすめの１冊を紹介。この部分のコピーを教室や学校図書館等に掲示する。

〈読書ノート使用例〉

低学年

中・高学年

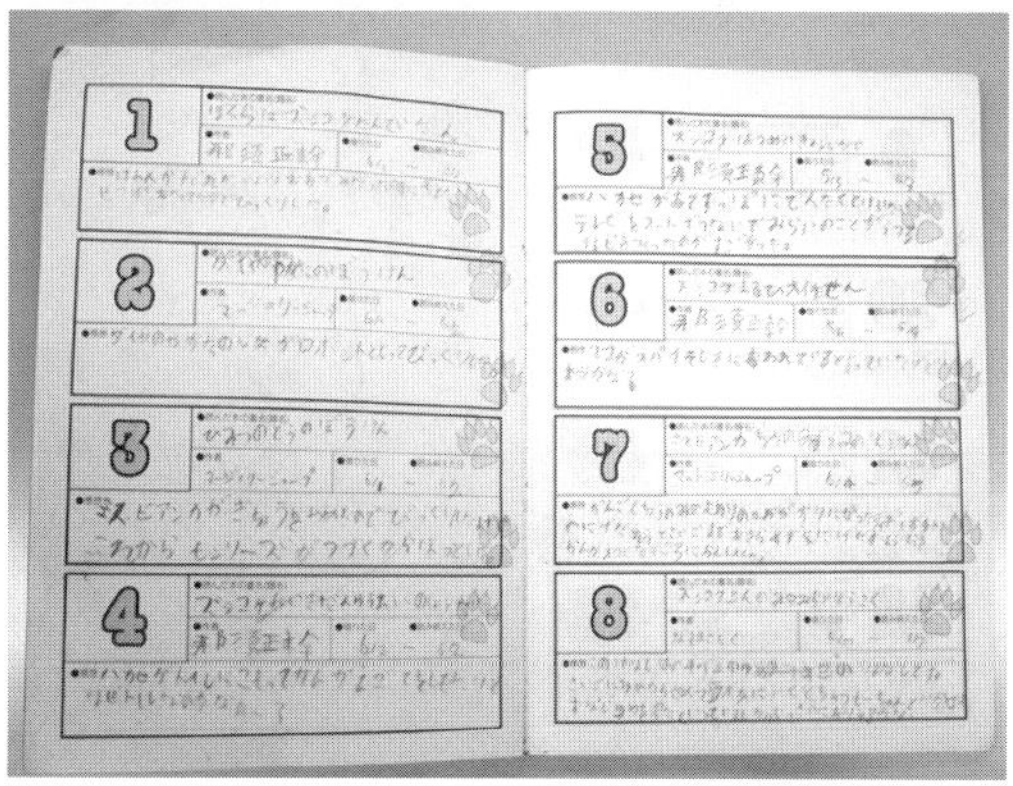

掲示されている
「ぼく·わたしのおすすめの本」

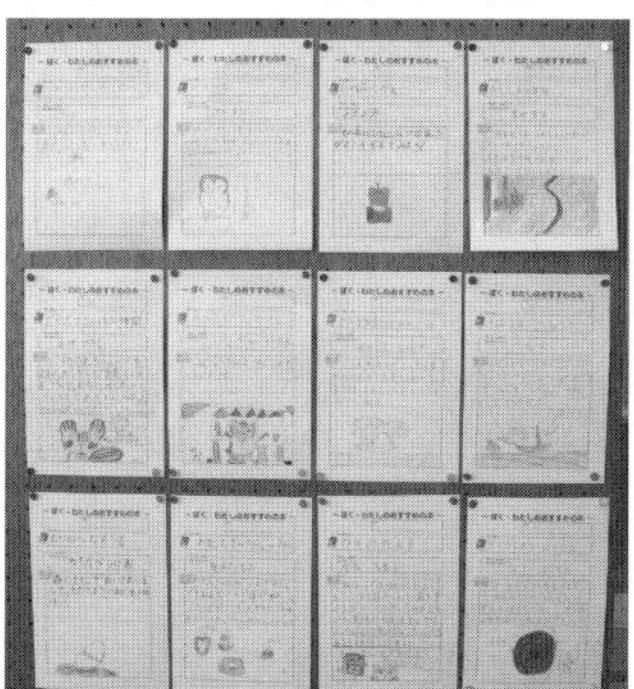

3 低学年児の好奇心を生かした情報リテラシーの指導

■子どもの好奇心を生かした情報リテラシー育成の場面〜作る時〜

低学年の子どもは、まだ入学前の幼稚園・保育所時代のすばらしい財産を引き継いでいます。ほとんどの子どもが手仕事が好きです。中でも制作・製作活動が大好きです。描く絵や作ったものの巧拙を問わず、楽しみながら活動に取り組む姿が見られます。これを生かさない手はありません。

小学校でも図画工作や生活科の授業の中で物作りをすることは多くあります。子どもたちが作ってみたいと思うものを示して、作り方について教える時に情報リテラシーを育てる機会もやってきます。作りたいものをどうやって作ったらよいか調べるために、学校図書館を利用するのです。

■わりばしでっぽうを作る

一年三組の朝の会でのことです。

朝の会は、どこの学校でも実践されているのではないでしょうか？　私の学級では朝の会で子どもたちが学級の仲間に向けてお話やお知らせをするコーナーを作って、子どもたちの願いを表出させる場を設けています。子どもたちの意欲や、生活実感を捉え、学校生活・学習に結びつけていく大切な場として機能しています。

さて、太郎君がみんなにお知らせがあると話し始めました。

「ぼくのわりばしでっぽうが無くなってしまったので、みんな探してくれませんか？」

太郎君がお父さんと一生懸命作ったわりばしでっぽうが無くなってしまったというのです。彼の訴えは数日続きました。よほど大切だったのでしょう。そこで私は「みんなが探してくれているけれど、もしみつからなかったらどうしようか？　また自分で作れるかい？」と尋ねました。

すると自信なさそうに首を横に振る太郎君。作るのは難しく、ずいぶんお父さんに手伝ってもらったので、どうやって作ったのか覚えていないといいます。

そこで「作り方ならば調べられるよ」と私が話すと、太郎君は身を乗り出してきました。

彼と一緒に学校図書館に出かけ、7類の棚のところで「ここらへんに工作の本がたくさんあるんだよ」等と話しながら、わりばし工作の本を探し出します。

「この本はね、わりばしを使った工作のことが書いてある本なんだ。目次をみると、どんなものが作れるか出ているよ」といって棚から取った本を渡しました。太郎君は一生懸命探します。

「先生あった！」

さっそくわりばしでっぽうのページを開くと、作り方が出ているではありませんか。

たいていの工作の本は図解が多いものです。一年生です

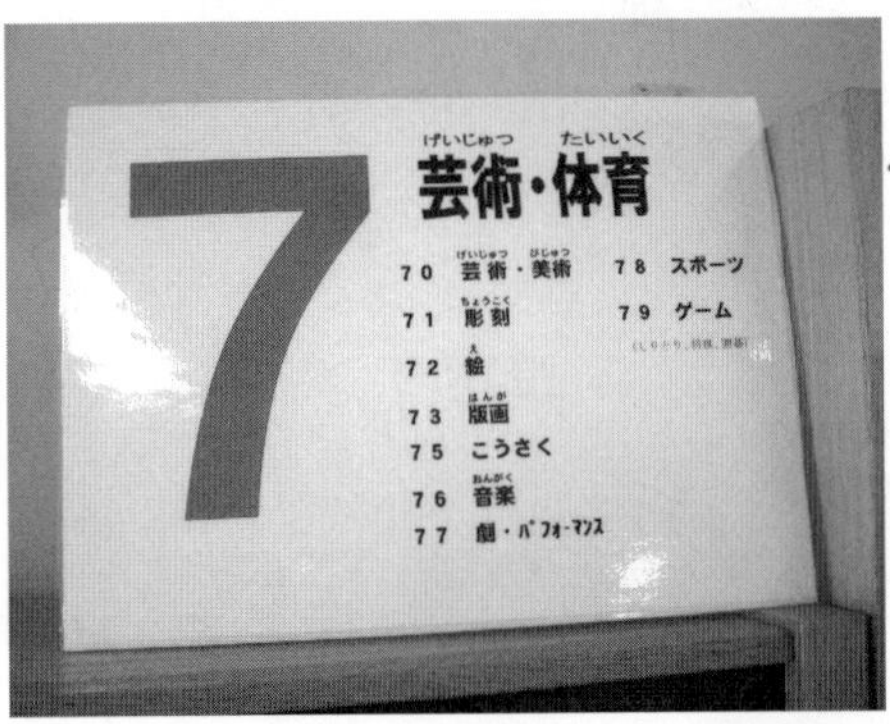

から、まだまだ本を読むのには困難がつきまといます。ところが工作の本は図解を読むだけで自分で何となく作り方がわかるような本が多いのです。ところどころ文章を読まねばわからない箇所はおとなが手助けをしてやればよいのです。自分の実現したいことが、本という情報源を手に入れることによってかなうのが実感できることが重要なのです。

図解をみながら、太郎君と一緒にわりばしでっぽうを作ってみました。本を見ながら見よう見まねでけっこう立派なものができるではありませんか。

喜んでいる彼にすかさず

「よかったね。みんなも君のわりばしでっぽうを探してくれたんだからそのお礼に作り方を教えてあげたらどうかな」

と持ちかけると我が意を得たりとばかりに彼はうなずきました。

この後、太郎君は学級のみんなに

「わりばしでっぽうを一緒に作りませんか」

と提案し、それは実現します。

作る前に彼の読んだ本のページを印刷して配布し、それを読みながら作り方を説明しました。図解の本は、どういう順で読んでよいかわからない子どももいるので（作る順に番号がふってある本はわかりやすいです）子どもに配布したプリントを拡大したものを黒板にはって「ここを読むのだよ」と声をかけながら一緒に作り方を読みました。

説明文の中身を忘れてしまっても図を見れば思い出せるように、文と関連させて図の解説もしていきます。時折、本の通りに作った半完成のものを見せると一層効果的です。平面の図がどのような立体になるのかうまく想像できない子どももいるからです。

私が説明する横には太郎君が立っていて、時折「本はこう書いてあるんだけれどね、こうやった方がやりやすいよ」と体験に基づく情報も提供してくれます。これもまた重要。低学年期ではま

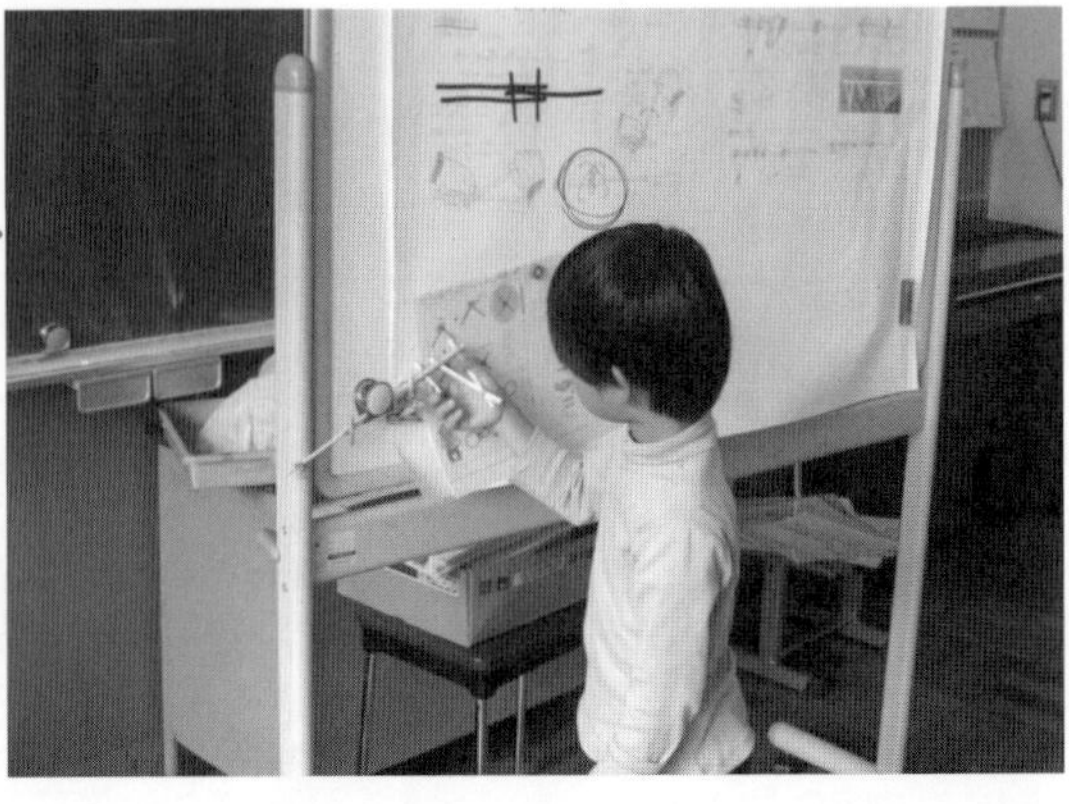

だ芽生え程度ですが、情報を批判的に読む姿勢につながるところです。

一通りの説明が終わったら、プリントをみながら工作に入りました。一年生にとっては易しい工作ではないと思うのですが、本の情報を見ながら、子どもたちは見事に完成させました。

「絶対に人や動物に向けて打たないで」

と太郎君はみんなに呼びかけます。

この後、できたわりばしでっぽうで遊びました。自分で作ったおもちゃで遊ぶのは一味違った喜びがあったようです。

４ 意欲を生かした情報リテラシーの指導

■意欲を生かしてリテラシーを育てる

太郎君の訴えをきっかけにしたわりばしでっぽう作りのあと、

7類の本の貸し出し数が増えたことは想像に難くないでしょう。もちろん、直後の図書館の時間に「この前の太郎君の教えてくれた本はこの棚にあるんだよ。（分類）シールは7だね」と話したことはいうまでもありませんが。

このように、この学習では意欲を大切にしながら、それにつなげて「三　メディアを利用するリテラシーの育成」と「四　調査リテラシーの育成」の場面を拓いたのです。

本の情報の力を借りて、自分の願いを実現する学習は、何もわりばしでっぽう等の物作りに限らず、植物や生き物を育てる場面、食べ物を作る場面などで設定することができます。教師がそういう目で活動を再構成すれば、現在行っている学習の中に位置づけることはさほど困難ではないと思います。

■尋ねる技も必要

低学年の子どもたちの実態を考えると、図書資料との出会い・読解する技を身につけさせることも重要なのですが、あわせて

「人に尋ねる」はきわめて重要な情報リテラシーです。

前述の例では工作をしたいという問題を解決するためには工作の本やその図解を読み解くリテラシーがなければなりません。

本などは読み手の関心や力量を考えてくれませんから、読み手の方が本を選ぶ段階でどの本なら読めそうなのか、選んでからはここはどう書いてあるのか読み解かねばなりません。前段で言えば、わりばしでっぽうの作り方の図解と対照させて半完成のものを見せていったのは図解を頭の中で展開し、読み解いていけるようにしていくための手だてにほかなりません。

ところが「人に尋ねる」は尋ねる子どもに応じて、相手が内容を変えてくれたり、説明の難易度を変えてくれたりもする、いわば双方向性を持ったメディアとなるわけです（人の提供する情報も広義で考えるとメディアとして捉えることが可能です）。

ただし聞く相手にもよりますし、尋ね方が適切でなければ聞きたいことも聞き出せないことも忘れてはなりません。私の勤務校でも、学校図書館に低学年の子どもが来て、学校司書の吉岡先生に「虫の本はありますか？」と尋ねるのだそうです。しかし虫の本といってもかなりの数の本があるわけですから、先生は「どんな虫のことを調べたいの？」とか「虫のどんなことを知りたいの？」と聞き返します。

そこで、子どもから具体的な虫の名前が出たり、虫のことを調べたくなった事情—○○虫を捕まえたので飼いたいのだけれど何がえさなのか知りたい等—を聞き出しながら、その子の求める本—その子の読み解く技に応じて—を探し出すそうです。

吉岡先生はベテランの司書なので、巧みに子どもの言葉を引き出し、過ぎず及ばずに、尋ねてくる子どもの問題解決を一歩前進させてくれるわけですが、このような子どもが、自分の目的に応じてレファレンスツールを使えれば自立的な問題解決が期待できることになります。

■尋ねる技はどう育てるか

では、この尋ねる技はどう育てるかということですが、子どもの側には知りたいことがあるのですから、まずは尋ねるという情報リテラシーの技を発揮させる力はあるわけです。ただ、

①　誰に尋ねるのか

②　どのように尋ねるのか

というのは問題です。

①の「誰に?」では、まずは身近なおとながその対象となります。最初におうちの人に尋ねるというのは自然な流れです。ここでおとながあまりうるさがると、尋ねることをしなくなってしまうので、保護者に「あまりうるさがらず聞いてやってください。わからないことは、わからないでかまいません。『学校に行って先生に聞いてみなさい』、でかまいませんから」と機会を捉えて話しておくのも重要かと思います。

だいたいはおとなにとっては取るに足らないことを聞いてくる

のだと思いますが、そうではあっても子どもにとっては重要であったり、時にはおとなから見ても重要なことを尋ねることも出てきます。そういう時に「うちの親に聞いてもむだだからな」と思わせない程度には答えたり、一緒に調べてみたり、「○○に聞いてみたら」と話してやればよいと思います。周囲のおとなには取るに足らぬものであったとしても、子どもの問いを大切にして「よく?・‼(はてな)疑問を見つけたね」という雰囲気を作ることが大切だと思います。

重要なのは②です。先ほどの吉岡先生と子どもの例だと「虫の本はありますか」と聞きに来たわけですから子どもは「虫」について知りたいわけです。ところが「虫」だけでは漠然としすぎていて、尋ねられた側は、尋ねた者の意図を汲みかねます。尋ねる側には、自分の知りたいことに即してキーワードを選び取れるようになることが必要なのですが、それができないから「虫の本」と来るわけです。

低学年の子どもですから語彙がまだ少ないというのもその原因です。そこで、なぜ知りたいのかを聞き出すことができれば「虫」の次のキーワードを出させることができるわけですね。引き出す側としては「どうしてそのことを知りたいと思ったの？」と背景の事情を問い返すと、次はたいてい見えてきます。こういうやりとりが可能となるように会話を楽しむということも大切です。

■図鑑の読み方の指導

さて、キーワードも明らかになり、実際に調べようということになると図鑑が登場します。低学年で使えるようになってほしいレファレンスツールといえば図鑑はその代表格ではないでしょうか。手元にある国語の教科書でも[※7]「はたらくじどう車」（一年下）や「生きものふしぎ図かんをつくろう」（二年下）などの題材があります。生活科でも学校探検や季節の探検で出会う生きものや植物を調べられると活動に奥行きが出ます。

第１章で紹介したけんた君のエピソードの後で、公共図書館の

※7　『ひろがることば　しょうがくこくご１下』教育出版　平成十七年版

団体貸し出しを受けて「図鑑ってこんなもの」という授業に取り組みました。しかし、同じ図鑑を子どもの人数分そろえることは困難で、六人のグループに数種類の図鑑を配って、図鑑というものはどんなものか知ってもらう授業をしました。

そこで、ずいぶん子どもと図鑑との距離は縮まったのですが、図鑑を使えるようになるというまでには至りませんでした。

「子どもの興味関心を自立的に発展させられるよう、図鑑が活用できるようにしたい」

それがここでの私の願いです。そのためにはまず[※8]図鑑を使えるようになってほしい。そこでいろいろと算段して昆虫図鑑[※9]を子どもも二人に一冊ずつ手に入れることに成功しました。この図鑑のよいところは、写真がきれいで点数が多く、子どもたちが身近で見ることのできる昆虫がほとんど網羅されており、また昆虫の分類に応じて構成されている点です。

この図鑑を使って、次のような授業に取り組みました。

※8　昆虫図鑑は一冊約二千円。四十人学級で二人に一冊なら二十冊必要なので、約四万円かかる。これではどんなに安いコンピュータでも、ようやく一台が買えるというところではないだろうか。とすればコンピュータを購入する前に昆虫図鑑を二十冊買うほうが、教育的な効果が高いといえるのではないだろうか。

※9　友岡雅章監修『ニューワイド学研の図鑑　昆虫』学習研究社　一九九九年初版。授業では二〇〇四年十九刷りを使用。なお、この図鑑は二〇〇六年に増補改訂版発行。

ステップ1　虫の名前を知りたくなった場面を思い出し、その時に名前をどうやって調べようとしたか想起します。

私の学級では夏前とバッタやトンボ取りに夢中になった秋の初め頃のエピソードを頭の中に描いてもらいながら、虫の名を先生に尋ねたり、学校図書館に行って本で調べたことを想起させました。夏前に図鑑の授業をやっているのでどうやって調べたかの問いに、図鑑の名前は比較的容易に出てきました。

ステップ2　配付された図鑑で、目次のページに書かれていることを調べます。

本の各部の名前[※10]を教えながら（表紙、見返し、扉、奥付、ページなど。本を使って学習するのですから、説明を聞いて作業するには必要です）、目次を開かせます。そこで「目次にはどんなことが書いてあるか調べてみましょう」と声をかけ、気がついたこと

※10　次ページ図参照。

を発表してもらいます。注目してほしいことは次の二点です。

①本の構成

調べることができるようになるためには、本の構成が分かっていなければなりません。この図鑑は四つの部分から成り立っています。

・巻頭の昆虫への興味を誘うグラビア的なページ

・この図鑑の本体となる、昆虫の写真

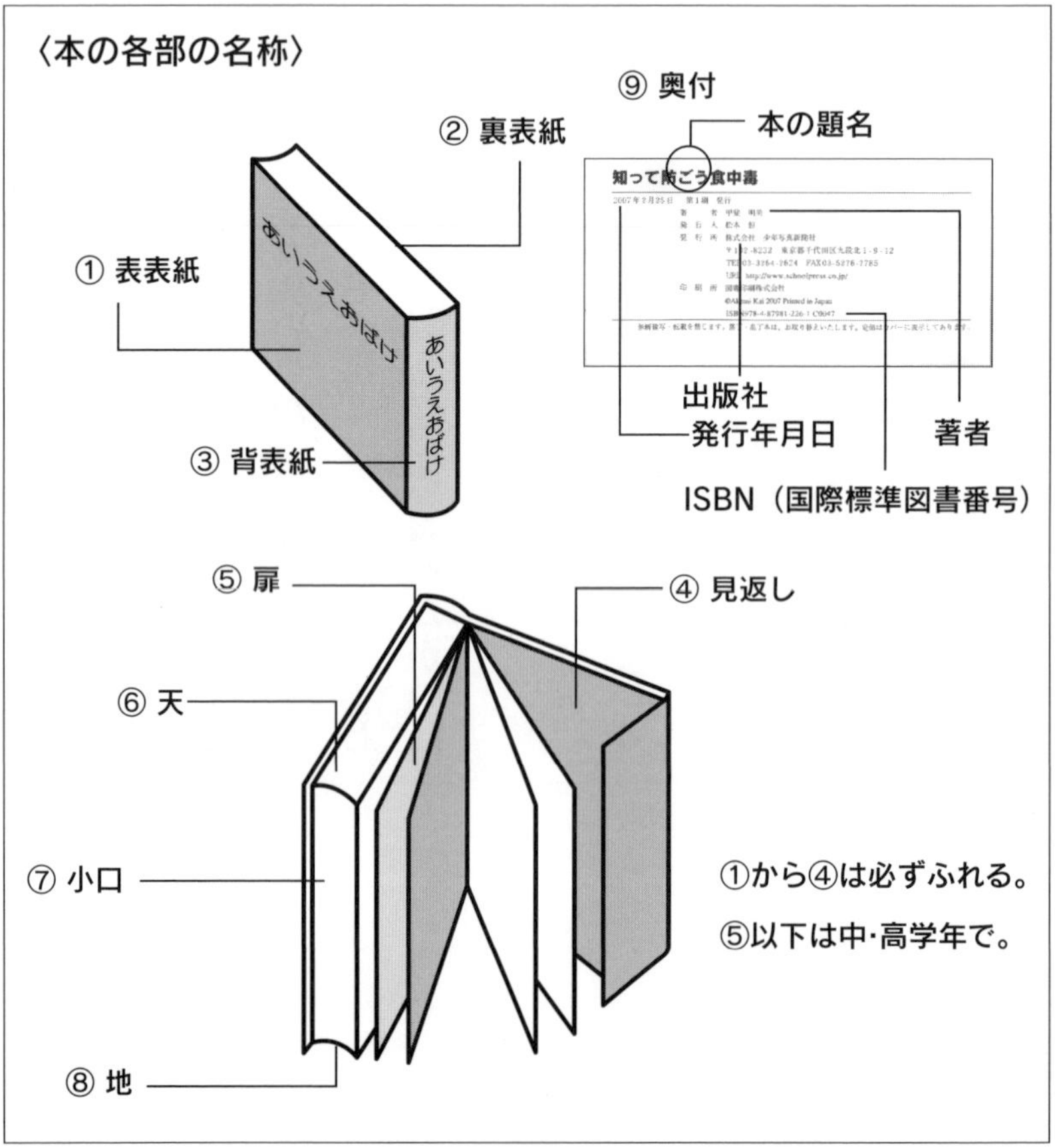

と基本情報が分類別に載っているページ
・昆虫の飼い方や体の構造等の詳しい情報が載っているページ
・索引

です。

②分類

特にこの点は重要で、この図鑑は「チョウのなかま」といったように、大きな分類をほぼ目で行い、それが子どもにわかりやすいように昆虫のシルエットのアイコンで示し、カラーも統一しています。大きな分類（この図鑑では八つ）は子どもに注目させたい所です。

ステップ3　図鑑の見方・使い方のページに書かれていることを調べます。

いわゆる凡例のページです。図鑑は物語のように文章の始まりから終わりまでを読めばわかるものとは異なるので、凡例を見てこの本の約束事を把握させておくと内容がわかるようになります。

ステップ4　索引を使って実際に知っている昆虫がどのように書かれているか調べます。

一・二年生ですと、索引には単語が頭文字から一文字ずつ五十音順に並んでいることも指導しなければなりません。ここでは「カメムシ」が「カマキリ」よりも後にあるわけです。索引が使えれば、名前を知っている昆虫の名前を調べることができるわけです。

ステップ5　図鑑を調べて、見聞きしたことのある昆虫の名前と分類とページを書きましょう。

目次ページと凡例ページの指導が終わったところで、実際に図鑑をめくって読んでもらいます。図鑑をながめながら、昆虫の名前と図鑑で設定されているチョウのなかま等の分類と掲載ページを、ノートやワークシートに書き出してもらいます。ここで机間指導しながらステップ1～4が理解されているか確かめ、補充の指導をしておきます。

こういった一斉指導を何かの折りにしておくと（もちろん調べたいという気運の盛り上がっている時に指導することがベストです）次には一斉指導したことをベースに、子どもに振り返らせながら指導すれば良いわけです。

昆虫図鑑の指導は実は他の図鑑でも応用が利きますし、図鑑以外のレファレンスツールに属する本の読み方に応用できます。

ただ、一回の指導でどの子どももすぐに図鑑が使えるようになるわけではありません。繰り返しが重要ですし、また、個々の必要に応じて指導することが本当の意味でその子の技となることはいうまでもありません。

第1学年　総合学習指導案（情報リテラシー）※

1．主題名　「図鑑を学ぼう」（全2時間）

2．本時の目標

◎日常生活の中でかかわりの多い虫を調べる際には昆虫図鑑が利用できることを知る。

●昆虫図鑑の目次の仕組みを知り、形や何の仲間かわかっている昆虫は図鑑のどのあたりをみればよいのか見当をつけることができる。

●昆虫図鑑の見方・使い方のページを見て、この図鑑の使い方を聞き、見方がわからなくなったときにこのページをみればよいことがわかる。

●昆虫図鑑の索引の仕組みを知り、名前を知っている昆虫についてどう調べればよいのかわかる。

3．本時の展開

	主な学習活動と予想される児童の反応	指導上の留意点
	●見つけた昆虫の名前がわからなかった時に、どうやって調べたらよいのだろうか？ ・おとな（家の人、先生　他）に尋ねる ・友だち（仲のよい人、詳しい人）に聞く ・本で調べる ●メディアルームには虫のことを調べる「昆虫図鑑」というものがあることを知る。	・昆虫をすでにつかまえた時、見かけた時など様々な状況が考えられる。子どもたちが昆虫の名前を知りたくなったときのエピソードを出してもらう。 ・虫については様々な種類の本があるが『昆虫図鑑』には様々な虫が載っており、この本から調べ始めるとよいことを知らせる。
	●昆虫図鑑の目次の使い方を知る。 ○目次をみて気付いていたことを発表しよう。 ・世界のおもしろい昆虫のページがある。 ・○○の仲間というページがある。 ・８つの仲間がある。 ・昆虫以外の虫というものがある。 ○昆虫図鑑には昆虫・クモなどを８つの仲間に分けていることを知る。 ・何でこんなふうに分けているのだろうか？ ・探しやすいように仲間で分けているのだろう。 ●昆虫図鑑の「見方・使い方のページ」の使い方を知る。 ○仲間分けについて ○仲間の特徴のページについて ○大きさの表し方について ○生態や情報の記事について ●昆虫図鑑の索引の使い方を知る ○名前がわかっている昆虫は索引から調べることができることを知る。 ○試しに「ギンヤンマ」を調べてみよう。	・２人（男女ペア）に１冊、友国雅章監修『昆虫図鑑』（学研、1999年）を配り、表紙、見返し、扉の次のページを開かせる。この図鑑の構成は、巻頭の読者の興味をひくような昆虫についてのイラスト、８つの分類による昆虫の説明、より詳しい昆虫に関する情報を掲載した「昆虫情報館」、索引、の４つからなっている。 ・虫のことを「昆虫」と呼び、足が６本、頭胸腹、羽があることが特徴で、それ以外の似ているものは昆虫とは呼ばないことを知らせる。 ・この図鑑はチョウ、カブトムシ、ハチ、トンボ、セミ・カメムシ、バッタ、ハエ・アブ、昆虫以外の虫の８分類となっている。目次の「なかま分け（分類）について」を読み、58ページのことにもふれる。 ・ページを拡大したものを指し示し、どこについて説明しているのかを確認しながら説明する。 ・詳しくわからなくとも、ここに見方が載っていることがわかる程度でよい。 ・頭文字がアイウエオ順に並んでいることを「アイヌキンオサムシ」「アイノミドリシジミ」を例に知らせる。 ・ギンヤンマは109ページのほかにも６か所出ている。代表になるページが最初に書いてあることも知らせておく。
	●２人で協力して、昆虫図鑑のページをくりながら、これがある虫を探して、プリントに書き出そう。 ○虫の名前・仲間の名前・載っていたページを書く。	・時間を区切って10分程度、図鑑をめくりながら、見たことや聞いたことがある虫のページをながめさせる。覚えのあるものについては、名前・何の仲間か・ページをノートに書かせる。索引から調べてもよいことにする。 担任と司書が机間指導に回る。
	●今日学んだことや、調べてわかったことをワークシートで確かめる。	・ワークシートが本時の評価となる。８つの仲間分けがわかったか、索引の仕組みがわかったか、ページに書いてあることがわからなくなったらどこのページを見ればよいか、もっと知りたくなったらどこを読めばよいか、感想が書ければよい。

4．本時の評価　◎虫のことについてしらべたいときには昆虫図鑑を使うとよいことが体験できたか。
◎昆虫図鑑を使う際に必要なこと（目次･凡例･索引、８つの仲間分け）を体験できたか。

※附属世田谷小学校の教育課程では一年生にも総合学習がある。

〈ワークシートの実例〉

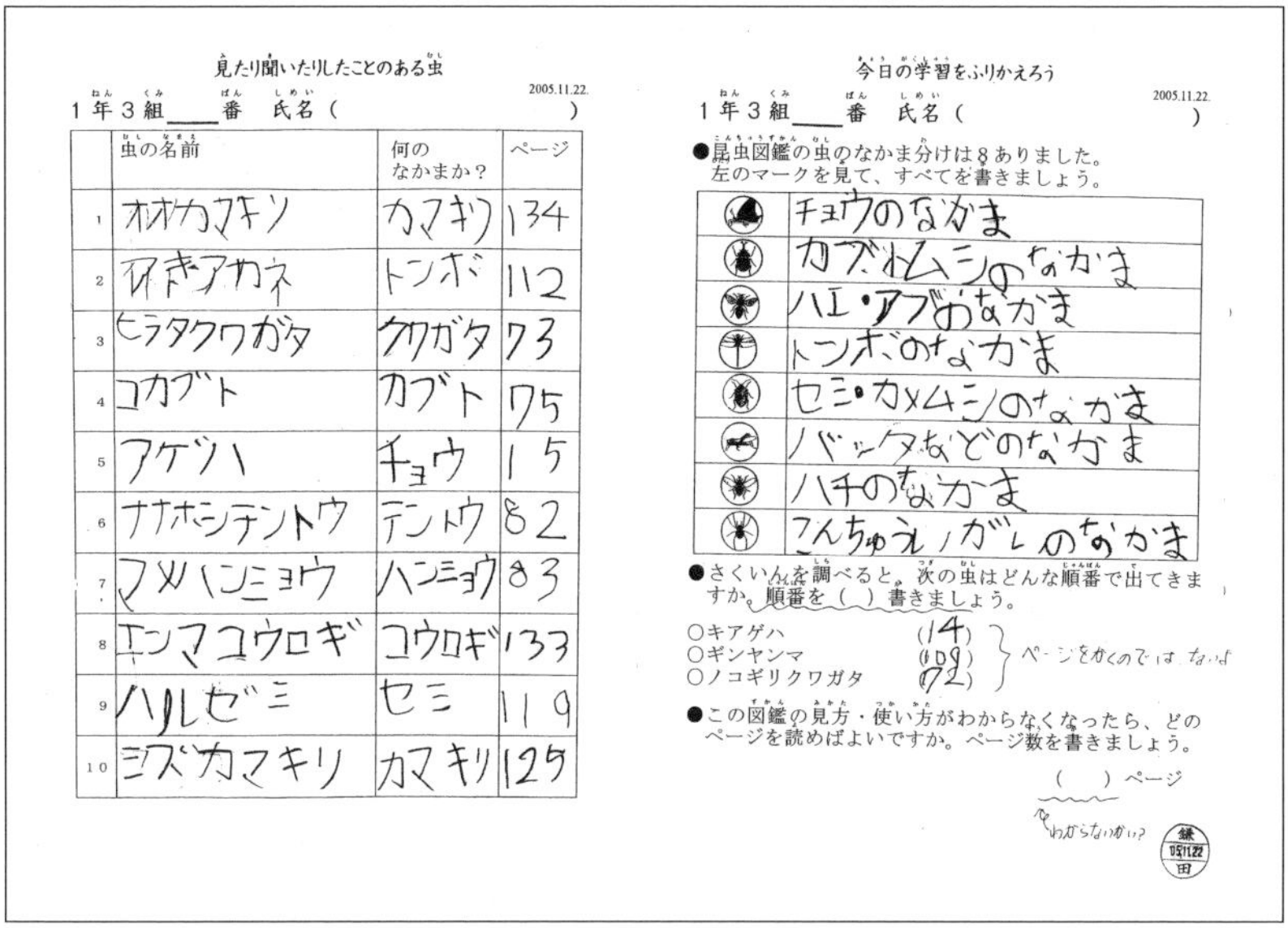

見たり聞いたりしたことのある虫

2005.11.22.

１年３組＿＿番　氏名（　　　　　　　　）

	虫の名前	何のなかまか？	ページ
1	オオカマキリ	カマキリ	134
2	アキアカネ	トンボ	112
3	ヒラタクワガタ	クワガタ	73
4	コカブト	カブト	75
5	アゲハ	チョウ	15
6	ナナホシテントウ	テントウ	82
7	マメハンミョウ	ハンミョウ	83
8	エンマコウロギ	コウロギ	133
9	ハルゼミ	セミ	119
10	ジズカマキリ	カマキリ	125

今日の学習をふりかえろう

2005.11.22.

１年３組＿＿番　氏名（　　　　　　　　）

●昆虫図鑑の虫のなかま分けは８ありました。
左のマークを見て、すべてを書きましょう。

チョウのなかま
カブトムシのなかま
ハエ・アブのなかま
トンボのなかま
セミ・カメムシのなかま
バッタなどのなかま
ハチのなかま
こんちゅういがいのなかま

●さくいんを調べると、次の虫はどんな順番で出てきますか。順番を（　）書きましょう。

○キアゲハ　（14）
○ギンヤンマ　（109）
○ノコギリクワガタ　（72）
ページをかくのではないよ

●この図鑑の見方・使い方がわからなくなったら、どのページを読めばよいですか。ページ数を書きましょう。

（　　）ページ

わからないのかい？

鎌 05.11.22 田

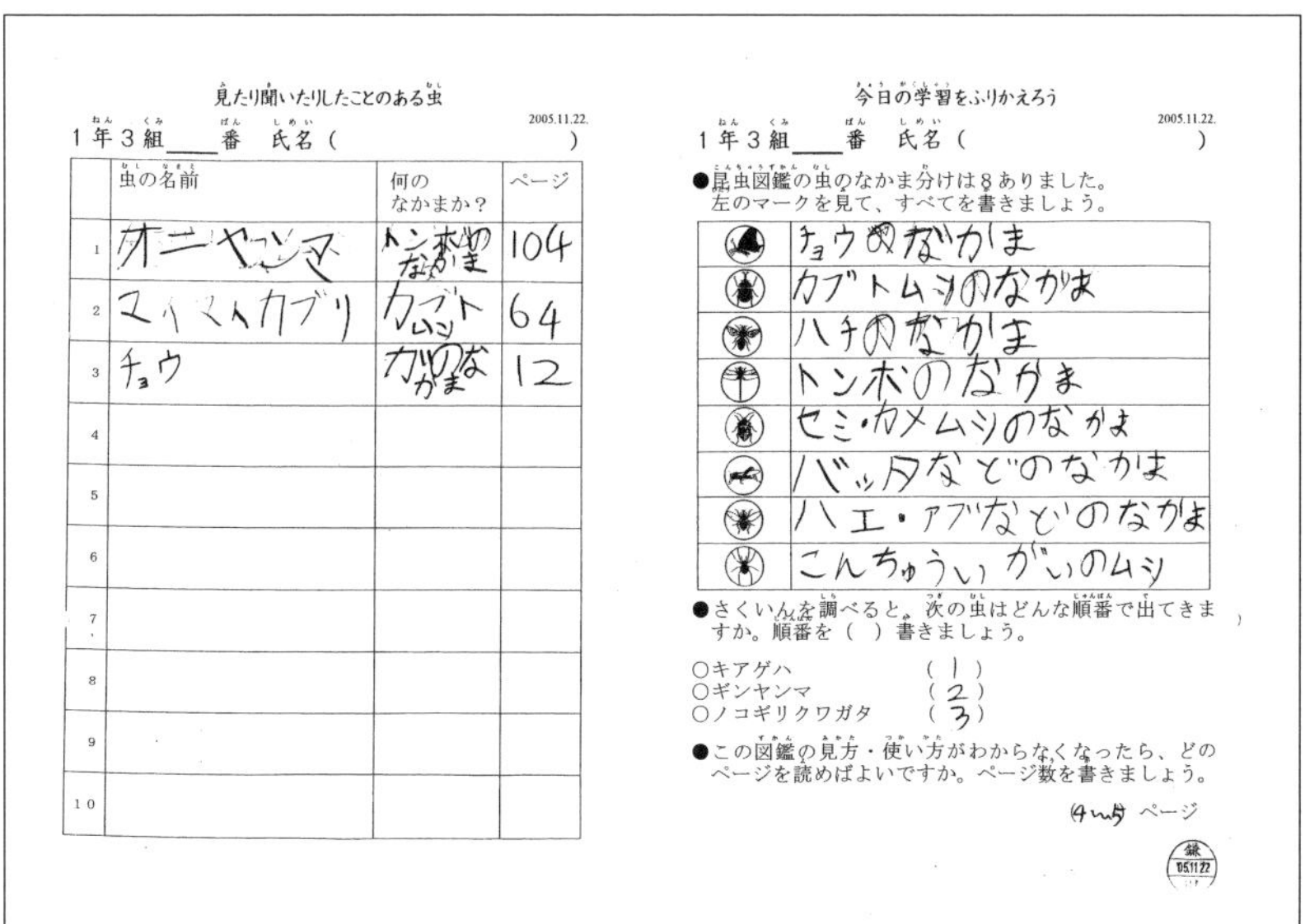

見たり聞いたりしたことのある虫

2005.11.22.

１年３組＿＿番　氏名（　　　　　　　　）

	虫の名前	何のなかまか？	ページ
1	オニヤンマ	トンボのなかま	104
2	マイマイカブリ	カブトムシ	64
3	チョウ	カブのなかま	12
4			
5			
6			
7			
8			
9			
10			

今日の学習をふりかえろう

2005.11.22.

１年３組＿＿番　氏名（　　　　　　　　）

●昆虫図鑑の虫のなかま分けは８ありました。
左のマークを見て、すべてを書きましょう。

チョウのなかま
カブトムシのなかま
ハチのなかま
トンボのなかま
セミ・カメムシのなかま
バッタなどのなかま
ハエ・アブなどのなかま
こんちゅういがいのムシ

●さくいんを調べると、次の虫はどんな順番で出てきますか。順番を（　）書きましょう。

○キアゲハ　（１）
○ギンヤンマ　（２）
○ノコギリクワガタ　（３）

●この図鑑の見方・使い方がわからなくなったら、どのページを読めばよいですか。ページ数を書きましょう。

4ページ

鎌 05.11.22

〈図鑑を図書館クイズで指導する際のワークシート〉

図鑑ワークシート2

2ねん　くみ　なまえ

つぎのことを　しらべたいと　思いました。昆虫図鑑でしらべるにはどうすればいいでしょうか。

★と★を線でつなぎましょう。

①エゾトンボをしらべる　★　　★　さくいんでしらべる

②バッタの大きさはどこで見る　★　　★　「この図鑑の見方・使い方」で見る

③アオスジアゲハの発生時期　★　　★　もくじでしらべる

【とくべつ　もんだい】　図鑑のどこでしらべますか？

①ガの幼虫をしらべる

②毒のあるガをしらべる

図鑑ワークシート1

1ねん　くみ　なまえ

つぎのものを　昆虫図鑑をつかって　しらべてかきましょう。

1．なかまを　しらべて　たくさん　かきましょう。

①ハチのなかま

②トンボのなかま

2．つぎのものは　なんのなかまでしょう？

ヒント：さくいんをつかいましょう

①コムラサキ　（　　　　）

②スジコガネ　（　　　　）

③ヤエヤマイチモンジ　（　　　　）

④アカボシゴマダラ　（　　　　）

Y

第5章　中学年での情報リテラシーの育成

◆「子どもだけでも火はおこせるんだよ」～ある子どもの作文から

「火おこしをやってみて」　ひかる

今日は、火おこしの本番だった。本番にいたるまで、けがをしたり、時間を使ったり、いろいろなものをぎせいにしてまでもやってきた。そのせいで（!?）社会がおくれたりもした。だけど、本番の六時間は無駄じゃなかった。火は二回もおきたし、料理もおいしかった。

なんか四の二もお別れが近づいてくる感じがして悲しくもなった。

十時三十分ごろ、なおと、最後の挑戦をした。ロープが手にあたっていたい。腕の筋肉も疲れてきた。もう無理かと思ったけど、これまでのことがよみがえってきて、疲れていたけどがんばった。

火種ができた。だけど、火になるか心配でなおと手を組んでじっと見つめていた。炎が見えてきた。なおと抱き合った。今までやってきたことがやっと形になって表れたのだ。

そんなこともあってなおと抱き合いながら泣いた。けっこう泣いた。もうれしくって。

自分でやろうって言って、自分で成功させられた。いろんな思いが入り混じっていた。もう、ぴかもなおも手はぼろぼろ、汗だくだく。そんなことは全然気にしていなかった。なんかクラスのためにできたって感じがした。

その後、ゆりとひぐや、けん、ふみやがやっていた。少しするとひぐとゆりが五、六回目の火種をおこした。よばれたので火種を新聞紙のカップの中に手早く入れて火吹き竹でそっと吹き続けた。火が、新聞紙についた、ついたんだ！その後、おっきいたき火の所につけた。もう、とってもうれしくって、ひぐとゆりと、何度もだき合った。火おこしに、二回もかかわれた。しかも、二回目は子どもだけで火をおこせた。本当のことを言うと、パパに「ほらね、子どもだけでも火はおこせるんだよ！」といってやりたかった。

四年生の総合学習で「火をおこしてクッキング」という活動に取り組みました。私の勤務校では子どもの願いを核にして展開する総合学習に取り組んでいます。火をおこしてクッキングに挑戦しようという提案をしたひかるさんたちは火のおこし方・アウトドアでの料理の仕方を調べて試し、様々な問題を解決して実際にやってみようという日にこぎつけました。この作文はその日のことを書いたものです。最後の「子どもだけでも火はおこせるんだよ」の一文に彼女の活動に対する思い、達成感と自負が込められているように思います。

1 中学年期の指導の重点

情報リテラシーを育てていく上で低学年期に重要なことは、好ましい本との出会いを体験し、子どもの願いに根ざした本を用いた問題解決の原体験を作ることだと私は考えています。

読み聞かせ等を通じて、子どもたちが物語等の文学に出会い、「お話って楽しいなぁ、本っていいものだなぁ」と思えるような体験を持ち、自ら本を手にして読んでいこうとする姿を具現化することは情報リテラシーを育成する上でも重要です。図書館を利用して何事かを調べていこうとする時に資料から自分の知りたいことを読みとることができなければ問題解決することはできません。日頃から本に親しみ、本を読む力と技を身につけることが望ましいわけです。

さて本や図書館を利用した問題解決の原体験をもった子どもたちを、中学年期にはどのように育てていったらよいでしょうか。

重点は、図書館利用の初歩を学び、具体的な問題解決過程での利用体験を増やすことではないかと考えています。

2 学校図書館の利用の初歩的指導に取り組む

■中学年児の実態に合わせた図書館利用の初歩

では中学年で学ばせたい図書館利用の初歩とは何でしょうか。

低学年では図書館が自分にとって心地よい場所、何か知りたいときに助けてくれる場所として捉えられるようにしながら、興味・関心の高い分野の本とその棚を意識してもらい、「自分が好きなこのことについては、ここら辺の棚に本があるな」と思えるようにしていくことが大切でした。

低学年での指導では、例として４類や７類のことをあげました。※1それを広げていって、図書館のどこにどんな本があるのか、いわば図書館の「土地勘」とも言うべきものを持たせることが重要です。

※1　一二ページ及び五〇ページ参照。

中学年では、自分の興味関心が高い分野だけでなく、教科学習等の中で取り上げられる様々なテーマの中での図書館を利用した問題解決体験をさせたいのです。そのために図書館の利用の仕方について学ぶ授業を行うことが有効だと考えます。

私の勤務校では学校司書の吉岡先生が二年生以上の各学年で年度の初めに学校図書館のオリエンテーションを行っています。一年生は入学直後ですので行いませんが、二年生ですと利用の決まりやマナー中心にオリエンテーションを行い、三年生ではそれに加えて日本十進分類法（一次分類）について簡単に話し、図書館の書棚がどのように構成されているのかを説明します。※2

例えば、0類は総記といって様々な事柄を調べる本やコンピュータに関する本だということから始まって、9類は物語や詩だといった調子です。もちろんこの話をする時にはその類の本があるのは具体的にどの棚であるのか、棚の類の表示と本のラベルとを対応させて示しながら説明していきます。

また、それぞれの学年で学習するテーマについても関連づ

※2　少し横道にそれるが、小学校の中には十進分類法ではなく、「国語に関する本」等と独自分類をしている学校もある。子どもの実態や学習にあわせてのことなのだろうが、小学校でも学校図書館の本の分類は基本的に十進分類法にするべきだと考える。子どもが小学校の学校図書館を利用し、それによって図書館一般の利用方法を学んでいくのだから、いずれ外部の図書館も利用していけるようになっていくことを考えて、最も普及している普遍的な分類をしておく必要があるのではないだろうか。

〈メディアルーム（学校図書館）オリエンテーション用資料〈3年生〉〉

3年生メディアルームオリエンテーション

1，本のわけかた

本は分類によってわけてあります。

0 総記	1 哲学・宗教	2 歴史・地理	3 社会	4 自然科学	5 工業	6 産業	7 芸術・スポーツ	8 ことば	9 文学
しらべる本・パソコン	どうとく、心、宗教	日本・世界のれきし、地理	せいじ、点字、手話	昆虫、ニワトリ、動物、きょうりゅう、ほし	工場、環境問題	こうつう、おみせ、こめづくり	工作、音楽、体育	かんじ、ことばあそび	ものがたり、し

2，ラベル（本のシール）

2 9

しらべる本など。

ア→本を書いた人のみょうじのさいしょの字。（黄色のシール）

あ→えほんをかいた人のみょうじのさいしょの字。（みどりのシール）

3，本のならびかた

●おうちに住所があるように、本はラベルの番号でその本をおくばしょがきめられています。
●ならべ方は、番号のじゅんばんに上から下へとならんでいます。
●ラベルが、カタカナやひらがなのものはアイウエオ順にならんでいます。

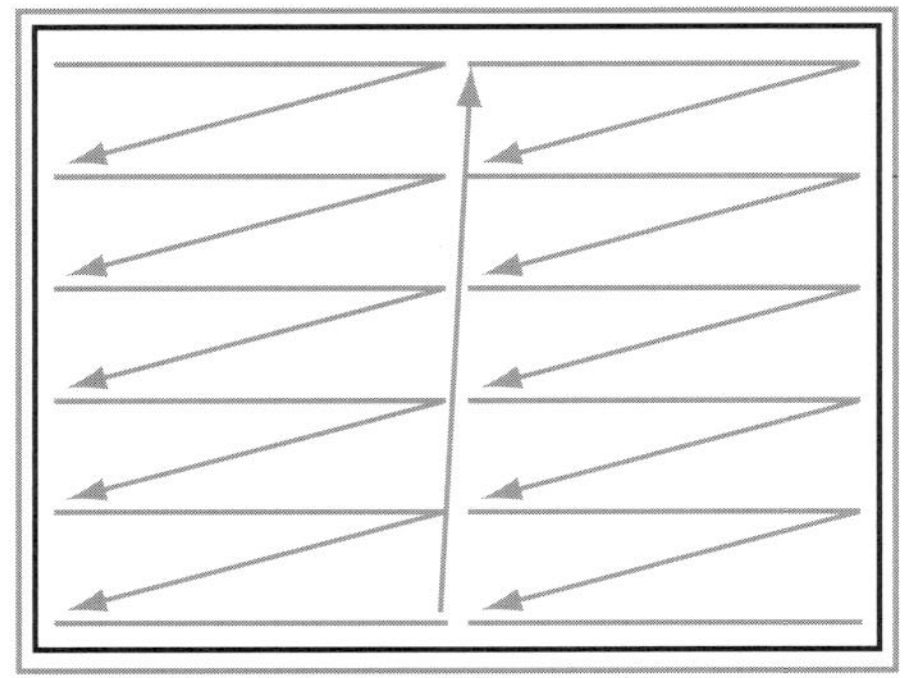

4，メディアルームのルール

●メディアルームでは忍者あるき。
●大きい声を出さない。走らない。
●借りた本は期限をまもって返そう。
●借りたり、返したりを休み時間にもしよう。
（朝休み、30分休み、昼休み、放課後）

Y

〈図書館クイズ　３年生〉

図書館クイズ　3年 NO.1

3年　組 名前

メディアルームで資料をさがすれんしゅうのためのクイズです。
メディアルームにある資料、パソコンなどをつかって答えてみましょう。

（1）　こんちゅう図鑑や、こんちゅうのでている本をつかって　なかまをたくさん書いてください。

ちょうのなかま	せみのなかま	かまきりのなかま

2年生で読んだ本でいちばんおもしろかった本は

だいめい

ラベル

かんそう

図書館クイズ　3年 NO.2

3年　組 名前

1.　つぎのことが書かれている本は何類でしょう。類をかきましょう。

自然やようすやしくみ

歴史や地理

詩の本

2.　つぎの本を読みたいと思いました。分類番号はなんばんでしょうか？
本棚からみつけてみましょう。

こんな本	ラベル
あまん きみこの書いた本	
星座のことが書いてある本	
織田信長の伝記	
マジック・ツリー・ハウス	
学級で育てようと思っている花	

〈図書館クイズ　４年生〉

図書館クイズ　4年 NO.1

4年　組 名前

メディアルームで本や資料を探す練習のためのクイズです。
メディアルームにある資料、パソコンなどをつかって答えてみましょう。

（1）日本にわたってくるわたり鳥にはどんな鳥がいますか？
調べて、6羽のわたり鳥の名前を書きましょう。調べた本の題名も書いてください。

①	④
②	⑤
③	⑥

調べた本は？
だい名
ラベル

3年生で読んだ本でいちばんおもしろかった本は

だい名

作者

ラベル

感想（どうして一番いいと思ったかを書いてください）

図書館クイズ　4年 NO.2

4年　組 名前

メディアルームで本や資料を探す練習のためのクイズです。
メディアルームにある資料、パソコンなどをつかって答えてみましょう。

（1）理科の学習をしていました。つぎの本を探したいのですが、ぶんるい番号は何番の本の本棚にあるでしょう。

① 花の名前を調べたい	
② 星や星座が書いてある本	
③ 水の中の生きもの（魚や貝）の本	
④ 人のからだについて書いてある本	

（2）次のような本をさがしています。ふさわしい本を1冊みつけて、ラベルのぶんるい番号を書いてください。

① 「へちまのそだちかた」について書いてある本

② 「おたまじゃくしについて書いてある本

③ 「電池のはたらき」について書いてある本

④ 「やさいの種類」について書いてある本

けて示していきます。例えば四年生ではゴミの学習をしますが、それに関する本は5類の工業の棚といった具合です。

　最近ではこのオリエンテーションを発展させて「学校図書館のオリエンテーリング」とか「図書館クイズ（本校では「メディアルームクイズ」とよぶこともあります）」といった活動中心のものも加えて、子どもが実際に書架の間を歩き、本を探しながら図書の分類の決まりや、どこにどのような本があるのかを調べていくものも加えています。

　この図書館クイズの先行実践として私たちが参考にさせてもらったのは前出の朝陽第一小学校です[※3]。朝陽一小では子どもたちは図書館クイズを通して図書館の利用の技を学んでいきます。図書館を利用するための図書館に関する学びですが、それをオリエンテーリングやクイズといった、子どもたちが意欲を持ちやすい学習活動で行っていくことによって大変楽しく意欲的に学べるようにしています。

　しかし、このような年度初めのオリエンテーションだけで図書

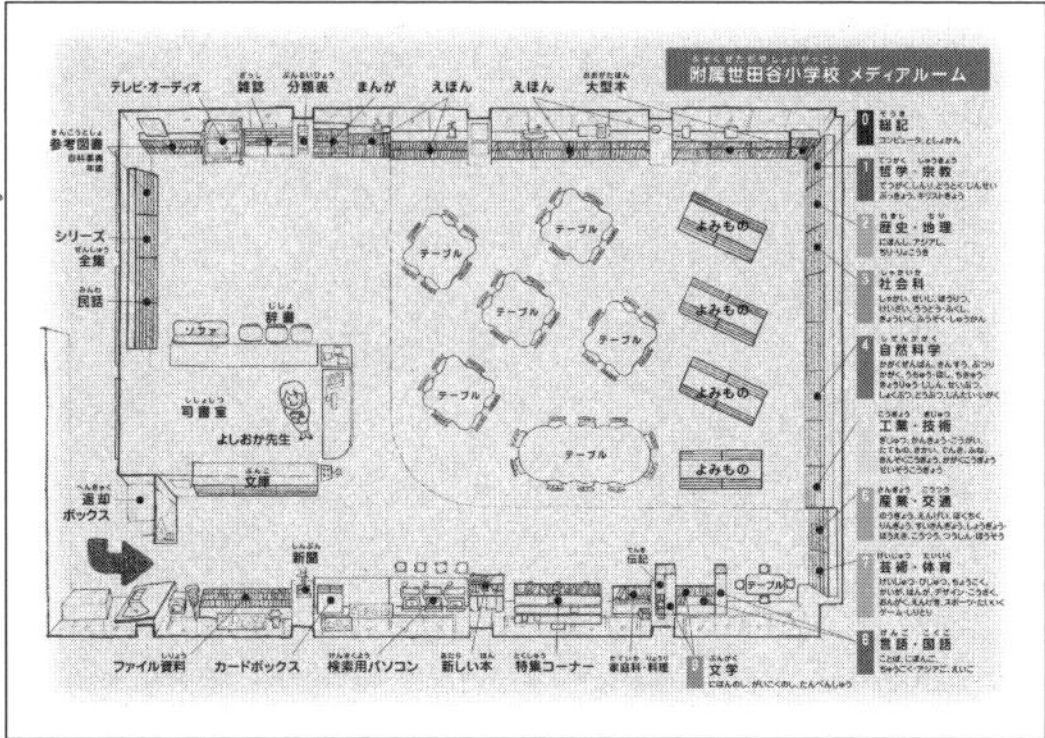

※3　既出。二八ページ参照。

館の「土地勘」がつくわけではありません。実際に学校図書館を利用して学習活動を展開していく直前や、活動の中で再びオリエンテーションの中でふれたことを繰り返していき、子どもの中に根付くようにしていかなければなりません。

3 レファレンスツールの使い方の指導

あわせて考えておきたいのがレファレンスツールの利用です。

中学年の子どもの第一のレファレンスツールは国語辞典、漢字辞典でしょう。問題解決のために何かを調べていく際には必ずと言っていいほど知らない言葉にぶつかります。そんな時にまず一冊目として手にとるべき本は国語辞典でしょう。

私個人としては国語辞典、漢字辞典の利用指導は早ければ早いほどよいと考えていますが、現行の教科書では三年で国語辞典、四年で漢字辞典の使い方の指導をするものが多く、手元にある国語の教科書の三年上巻では「国語辞典を使おう」[※4]四年上巻では

「漢字辞典の使い方」[※5]という単元が設定されています。

国語辞典の指導では語彙が一文字目から順に五十音順に配列されていていることが指導の要点となります。この原理さえわかれば、あとは辞典ごとの表記の決まりについて理解できればよいわけです

この単元の学習をうまく利用して国語辞典や漢字辞典だけでは解決しないことを調べる際に、０類の総記にある百科事典や調べ方の本について紹介しておくことが重要です。国語辞典から次の調査を展開する時、手にするとよいレファレンスツールとして百科事典を紹介します。私の勤務校では数年前に『ポプラディア』[※6]を購入してもらったので、これを紹介します。

こうやって分類の仕組みを知り、図書館のどこにどんな本があるのかを知っておくことで、物語等の文学以外の本に接する機会も増えますし、何か調べたくなった時に「そういえば…」と目当ての本がどの棚にありそうか見当をつけることができ、調べる第一歩を自力でふみだすことができるのです。

※4『わかば（小学国語三年上）』光村図書出版　平成十六年検定平成十七年版
※5『かがやき（小学国語四年上）』同右
※6『総合百科事典　ポプラディア』ポプラ社　二〇〇三年。小中学校向けに編纂されたもの。コンピュータ上で利用できるものやインターネットで利用できるものもある。

第３学年　国語科学習指導案（情報リテラシー）

１．主題名　「国語辞典を使おう」（全１時間）

２．本時の目標
◎国語辞典のしくみがわかり、調べたい言葉が調べられるようになる。
●国語辞典は言葉の意味を知るときに使う辞典であることを知る。
●国語辞典の言葉は五十音順にならべられていることを知る。
●辞典の使い方のページを参考に、辞典のつくりと使い方を知り、実際に調べてみる。

３．本時の展開

	主な学習活動と予想される児童の反応	指導上の留意点
	●言葉の意味を調べるときに使う本はどれか ・国語辞典	・国語辞典、漢字辞典、図鑑、百科事典等を示して問う。 ・知っている子どもは多いと思われるが、出てこなければすぐに教師から示し、ここに時間をかけない。
	●次の言葉は、国語辞典でどのような順番で並んでいるか調べよう。 「いか」「あい（愛）」「アイス」「えさ」 「アイスクリーム」「あめ」 ・「いか」「あい」「えさ」は「あい」→「いか」→「えさ」の順だろう。 ・「あい」と「アイス」と「アイスクリーム」の順はどうなんだろう？	・言葉を見つけたら、何ページの何段目に書かれていたのか記録させる。 ・言葉は50音順に配列されている。国語辞典の１ページを例にとって、それに気付かせてからさがさせるとよい。 ・グループで協力しながらさがすことも考えられる。 ・言葉の配列の順に何か決まりがないか考えてみることを示唆する。
	●調べて気付いたことがありますか？ ・言葉は五十音順に並んでいる。 ・短い言葉が先で、長い言葉があとだ。 ・ひらがなの言葉が先で、カタカナの言葉があとだ。	・「あい(愛)」、「アイス」、「アイスクリーム」、「あめ」、「いか」、「うし」、「えさ」の順。言葉は１文字目から順に五十音順に短い言葉から長い言葉へと並んでいて、ひらがな表記される言葉の次にカタカナ表記の言葉が配列されていることをつかませたい。 ・あわせて言葉の解説の表現の約束事について確認しておきたい。説明のページを使うとよい。
	●この辞書の使い方のページを見て、どのようにして言葉の説明をしているのか調べてみよう。	・どのような順で言葉の説明をしているか、略号の意味などをつかませる。

４．本時の評価
◎国語辞典のしくみがわかり、調べたい言葉が調べられるようになったか

第３学年　国語科学習指導案（情報リテラシー）

１．主題名　「百科事典を使おう」（全１時間）

２．本時の目標

◎百科事典の仕組みがわかり、調べたい言葉が調べられるようになる

●百科事典（『ポプラディア』）は知りたい事柄について調べる時に使う事典であることを知る。

●百科事典の項目は、国語辞典と同じように五十音順に並べられていることを知る。

●「『総合百科事典ポプラディア』の使い方」のページを参考に、百科事典のつくりと使い方を知る。

３．本時の展開

	主な学習活動と予想される児童の反応	指導上の留意点
	●知りたい事柄を詳しく調べる時に使う本はどれか？ ・国語辞典 ・百科事典	・百科事典、国語辞典、漢字辞典、図鑑等を示して問う。 ・まずは国語辞典を引くことを確認しつつ、もっと詳しく調べるときには百科事典がよいことを知らせる。
	●国語辞典は１冊だが『ポプラディア』は全部で12冊あり、それぞれに役割があることを知る。 ・全部で12冊ある。 →国語辞典が10冊に分かれたみたいだ。 ・背表紙に「１　あいう」「２　えおかき」「11　索引（さくいん）」「12　学習資料集」とある。 →図鑑等にあった索引だけで１冊の本ができているとは驚いた。	・はじめは１セット全部並べて見せておく。国語辞典を並べてみせると違いがわかりやすい。 ・百科事典のセット数に応じて活動を考える。1セットであれば、10冊が利用できるので10班に分け、１班に１冊ずつ事典を配る。もっとあるようであれば１班に数冊ずつおけるとよい。 ・使い方の例を一通り説明する。 ・実際の項目の記述と対比しながら説明するとよい。 ・11巻の索引や学習資料は教師が全体に見せてもいいし、順番に見に来てもらってもよい。
	●各巻の巻頭にある「『総合百科事典ポプラディア』の使い方」のページを見ながら、『ポプラディア』の使い方を知る。 ・調べるキーワードは「見出し語」といって太字だ。 ・項目の並べ方は国語辞典と同じだ。 ・青い文字や矢印のついている「関連項目」にも知りたいことがかいてありそうだ。 ・11巻の索引を使いこなせるとうまく調べられるようになる。 ・12巻は学校での学習につながりそうなことが集めてあるそうだ。	・１つの項目を例にとって説明した使い方のページを活用する。 ・関連項目の大切さ（自分の知りたい情報がその項目になかった場合は、関連項目を調べると出ていることもある）を強調したい。
	●実際に調べてみよう。	・班への事典配布状況に合わせて、調べる事項を指定して、実際に事項を探し、読む。

４．本時の評価

◎百科事典の仕組みが分かり、調べたい事柄をどのように調べたらよいのか見通しがつけられたか。

4 教科・総合学習の場での学校図書館活用

■図書館利用初歩から次の段階へ

オリエンテーション等で学校図書館の「土地勘」がおぼろげながらついたとしても、実際に自分の求めに応じて使う場面がなければすぐに忘れ去られてしまうでしょう。図書館利用の初歩の指導が生きてくるような具体的な問題解決過程での利用に結びつけていくことが重要なのです。

中学年の学習では、「この学習で学校図書館を使うと、情報リテラシーが育てられるのに…」と思われる場面はかなりあるのです。

■問題解決的な場面での利用（「火をおこしてクッキング」）

この章の冒頭で紹介した「火をおこしてクッキング」の活動ではいくつかの問題を解決しなければなりませんでした。その最も大きなものは、子どもたちがマッチやライターなどの力を借りずに自力で火をおこすにはどうしたらよいのかという問題です。

はじめは子どもになかなか任せてもらえない火を自分たちで扱ってみたいという程度のことで出た提案だったのですが、だったら、自分たちの力で火をおこしてみたいと言い出す子どもが出てきて、ではどうやったら火がおこるのかを調べることになりました。

まずは子どもたちは自分たちの経験を振り返り、昨年使った三年生の理科の教科書を引っ張り出してきました。虫眼鏡で紙が焦げたことを思い出したのです。私も立ち会い、実験してみました。紙が焦げる程度まではいくのですが、火がつくというところまでは至りません。まだまだ研究が必要なようです。

虫眼鏡を思いついた子どもは、学校図書館で光や虫眼鏡に関する本を探して研究を続けました。鏡をいくつか組み合わせれば、火がおこせることを調べだしてきました。また、バケツに水を張

り、手作りレンズで火がおこせないか等と本をもとに考え出す子どもも出てきました。ただ、この方法は天気が悪いと使えないというのが最大の欠点です。実際に火おこしを行う日の天気が悪かったらという意見に、このアイディアは退けられました。

このアイディアを出した子どもたちは、どうやら理科好きの子どもが多かったようで、次に、四年で学習した乾電池とニクロム線を利用して火をつける方法を提案してくれました。これは、有効な方法だったのですが、なんだか自力で火をおこした気がしないということで、もし火がつかなかった場合の最後の手の一つにしようということになりました。

他にも学校図書館で本を探した子どもたちが司書の吉岡先生のアドバイスで見つけたのが大昔の人々の火のおこし方が紹介された本でした。もみぎり法、ひもきり法、ゆみぎり法、まいぎり法の四つの方法を調べてきました。

実際にそれぞれの方法を試すためには道具を作らなければなりません。図工の先生に道具を借りて道具を試作し試すと、

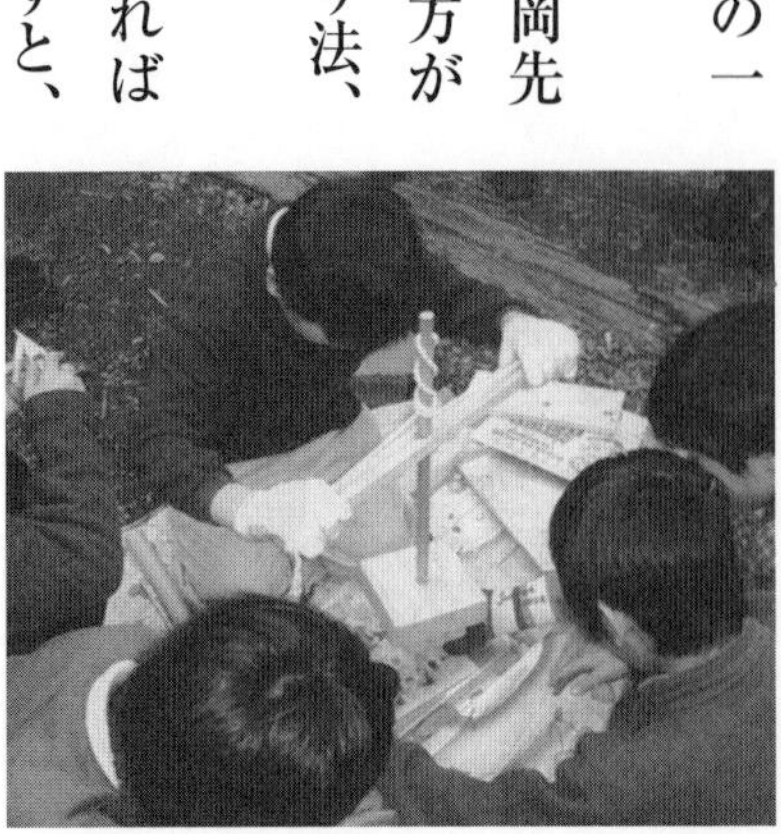

本には書かれていないことが多く問題になってきます。摩擦熱で火種はできるのですが､その火種を火にしていくことが難しいのです。

そこで私のアドバイスで、火はどうしておきるのか『ロウソクの科学』※7を、国語辞典を片手に実際に実験も交えて読んでいきました。四年生の子どもには少々手強いテキストでしたが、火をおこしたいという強い願いを持った子どもたちは『ロウソクの科学』を読み進め、火がおきる時に必要な条件を学び取っていったのでした。

■教科学習の場での学校図書館活用

一方教科学習の場でも学校図書館を活用する場面があります。

中学年以上の教科学習の中で注目したいのは社会科と理科です。中学年の社会科と理科の学習は学校図書館を利用するというよりは、実際に地域に出かけて見学・観察・聞き取りをしたり、飼育・観察・実験・工作したりといった体験を重視する内容となっています。

※7　ファラデー著／矢島祐利訳『ロウソクの科学』岩波書店　一九三三年
この本を利用しようと考えたのだが、入手が困難であった。そこで著作権保護期間が終了した文学作品を公開している青空文庫の翻訳版であるプロジェクト杉田玄白(http://www.genpaku.org/)の山形浩生訳のテキストを利用した。

ではそういった学習では学校図書館は不要かというとそんなことはないのです。見学等の体験的活動で得られる感動や疑問から始まる問題解決を、図書館の活用によって焦点化・相対化し、体験の質を高めていくことができるのです。

しかし見学等の体験活動は体験活動、学校図書館等を使った調べる学習活動は調べる学習活動と別々に行われることが多いのです。ここでは四年生で実施されることの多い「健康なくらしとまちづくり（水の学習）」を例にあげます。

■教科書・副読本の活用

私が住む東京都府中市で使っている教科書、『小学社会3・4年下』[※8]では、神奈川県相模原市を事例地に取り上げています。学習する子どもたちは、相模原市に住んでいるわけではないので、教科書は学習を進める上でのモデルとなるわけです。

しかしモデルだけでは自らの地域での学習が展開しづらいので、学習をそれぞれの地域に即したものとするために副読本『わたし

※8　教育出版　平成十七年版

たちの府中』（三年次配布）の「府中の水」同じく副読本『わたしたちの東京』（四年次配布）の「くらしをささえる水」を用いて学習を進めます。

四年生の学習では『わたしたちの東京』を中心に使いますが、学習場面によっては、なんと三冊での学習となるわけです。この三冊の対象の違いをうまく利用して、問題解決を具体化・焦点化し、より広く見るとどうか、他地域と比べるとどうなのかといったように相対化して、追究を深め、ひろげることができます。ですから、体験活動と教科書（副読本）と学校図書館をつなげていくことが重要です。

さて先の教科書では以下四ステップで学習を進めます。副読本も資料こそ違いますが同様の構成です。

ステップ１　こんな所にもじゃ口が
ステップ２　水道をたどっていくと
ステップ３　水をつくる工場だ！

ステップ4　じょう水場の先も調べよう

ステップ1は実際に学校での体験活動と市の人口と水道使用量が資料となり、ステップ2では給水区域図等、ステップ3では浄水場に関する資料、ステップ4ではダム等の資料等を用いて問題解決をしていきます。

この単元では、導入の学校で使う水の量調べと浄水場見学が体験的な活動になり、あとの学習が資料を使っての問題解決となります。体験は重要です。蛇口の数調べや一つの水飲み場の排水口をふさいでどれだけの水がたまるか等を調べると子どもたちは使う水の多さに驚きます。この驚きや、驚きから生じた疑問が問題解決を支える力となるのです。

次に学校や市全体で使う水は実際にどれくらいなのか、資料を調べ自分の体験したことと比較することによって、人が暮らしていくには実に大量の水が必要であることが理解でき、その水がどうやって確保され自分のところまで来るのだろうか？　と新たな問題意識を生み出すのです。

体験で感じたことを裏付け、焦点化し、相対化するのは資料を調べ考える学習です。この資料を調べ考えるために用いるのが教科書や副読本です。子どもたちが持った疑問を解決する手がかりとなる基本資料が教科書には掲載されています。また、最近の教科書には資料の読み取り方や活動の方法を丁寧に説明した記述もあります。[※9]

5　学校図書館を学習資料センターに

■学校図書館を学習資料センターとして整備する

ただ、教科書では扱う地域が違いますので実際の学習では副読本で、ということになります。また地域によっては学校の地域そのものの資料が副読本に載っていない場合もありますし、また本というメディア作成の性格上、最新の資料が載せられません。

※9　例示した教科書（教育出版刊）では「学び方のてびき」というコーナーがある。

そうなると、関係機関へ問い合わせて資料を手に入れようということになります。

年間で学習することはあらかじめわかっていることですし、ここで取り上げた水に関する資料などは、自治体から毎年公表される基本情報がほとんどです。従って前もって入手し学校図書館にファイル資料として整備しておけば、教師の教材研究や授業での利用が容易になり、何より子どもが学校図書館で調べられるようになります。

資料は、いつも先生が提示して子どもが考えるという受け身の姿勢でなく、分からないことは図書館に行って自分で調べるという主体性を育てることができるわけです。

また、浄水場について調べたいということになれば、前年度の四年生が社会科見学で浄水場に行った際にもらってきたパンフレットをもらっておいて、図書館に備えておけば見学に行く前に施設の概略をつかんで、より深い見学ができるようになります。

資料は子どもが自ら請求して手に入れる方が価値が高いのでは

ファイル資料

という声が聞こえそうですが（私もそう思います）、学習の展開から当然必要になりそうな基本情報を、いちいち関係機関に問い合わせることになると、当該機関の仕事にも差し障ります。一般的に公開している情報では分からないようなユニークな調査の時にこそ、直接の問い合わせに応じてもらった方が互いのためによいように思います。

■学習資料センターとして学校図書館を活用する

また学校図書館に、これまで述べてきたような地域の資料だけでなく水に関する図書資料や他のメディアの資料を整備すると学習を発展させることができ活用の幅が広がります。

子どもの情報リテラシーを育てるためには、教科の学習内容と展開を具体的に知り、どのような資料が必要なのか考えて教科の学習で利用できるように学校図書館のコレクションを構築することが重要です。読み物の本をそろえるだけでなく、教科学習で利用できるようにするのです。予算面で厳しいときは地域の図書館

ファイルボックスの内容

視聴覚資料（ビデオテープ・DVD・CDなど）

の団体貸し出しなども視野に入れたいものです。

また、これらの教科学習での活用が見込まれる資料は、前に紹介した朝陽第一小学校のように単元別参考図書目録「学習に役立つ本」として目録化しておくとよりよいでしょう。私の勤務校でも、少しずつ整備に取り組んでいます。

社会科の例を出しましたが、理科の学習でも図鑑や関係の図書資料、映像資料を備え学校図書館を活用していくことが可能です。

CD—ROM

新聞

第6章　高学年での情報リテラシーの育成

◆「成功、上映大会　～映画を作ろう～」

「えー、これからキャストをやったメンバー、スタッフをやったメンバーの順に舞台あいさつをさせてもらいます。」

保護者を招待しての上映会の最後、マイクをにぎったプロデューサーのこずえさんの声が児童館に響きました。

六年三組の子どもたちはこの二年間、総合学習で映画作りに取り組んできました。四年生の時、当時の六年生が作った「森に還る日」を見た子どもが、わたしたちもやろうといいだしたのです。五年生で「金色の鉛筆」という二十分あまりのオリジナルストーリーをもとに映画を作り、上映会もほとんど全校の子どもたちが見に来てくれて大成功を収めましたが、作品としては彼らの納得のいくものではありませんでした。

そこで、六年生ではもっと本格的な映画作りに取り組もうと、英一君の探してきた『一人でもできる映画の撮り方』という三百五十ページものおとな向きの入門書を全員で読み通し、六人程度の小グループで数分のショートムービーを作って検討し合い、埼玉県にある映像ミュージアムに見学に出かけて、照明、撮影、編集等、映像作品について一通りのことを学んできました。テレビや映画の構成の分析も行い、映像作品の表現技法について学びました。その上で最後の作品「パラレルワールド」の制作に取り組んだのです。

皆で話し合って、映画で取り上げるテーマを考え、親子や友達との心のすれ違いをＳＦ仕立てで表現するストーリーを考え、脚本を書きました。ストーリーの展開が映画の命です。これまで読んだ物語を読み直し、構成の巧みなところを学び、脚本づくりに生かしました。映像作品の表現技法を生かし、撮影・編集を進めました。

前年度の作品はとにかく映像作品を作ったというところだったのですが、今回はよく考えて作っていきました。「映画は総合芸術だ」と言う言葉がありますが、「映画作りは情報リテラシーとチームワークの結晶だ」と言いたいです。技術的・人的な数々の問題を乗り越えて子どもたちは作品を完成させていきました。

公開に向けて、毎週児童朝会での予告編の上映も功を奏し、全校向けの上映会も大成功。当日の児童館は長蛇の列。切符のもぎり、座席の誘導、自作のパンフ

レットの配布など、皆で分担して前の年度よりも本格的な上映会を行うことができ、またもやほとんど全校の子どもたちが見に来てくれました。

そうして卒業を目前に控えた三月はじめのある日、六グループで作ったショートムービーも交えて保護者を招待して開いた上映会。この頃になるとプロデューサーの子どもたちが様々な計画を立て、皆にはかり進めていくようになっていったので、油断をすると私の知らないところで様々なことが進行するようになっていました。

この舞台あいさつもそんなことの一つです。子どもたち一人ひとりの舞台あいさつを見ました。いろいろとつまずいてきたはずなのに、自分一人で乗り越えてきましたというような顔をして話す子どもたちの姿に、なんだか熱いものがこみ上げてきました。

1 高学年期の指導の重点

これまで低学年期、中学年期の指導の重点について述べてきましたが、高学年期の重点は何でしょうか。それは図書館の調べる機能に慣れ、問題解決過程での表現の質が、より高いものとなるようにしていくことではないかと考えています。

小学校もまとめの時期です。最高学年として六年間の学習の成果を表現する場にも多く恵まれてきますし、学習の内容も高度なものとなり、自らの興味関心を生かした学習の機会も増えます。そんな機会を生かして図書館利用に一層慣れ、レファレンスツールの利用に慣れ、様々なメディアから学べるようになり、その結果を調べた事柄に応じた方法で表現できるようになってほしいものです。

私は高学年を担任すると六年生の最後に、総合学習で、その子どもの興味関心を中心に展開する卒業研究に取り組むことにしています。子どもが自分の興味関心にもとづいて主題を設定し、これまでどんなことが分かってきているのか調べ、自分なりの調査や試行等を展開し、それらを整理し、考えて自分なりの結論を導き出し、レポートに（論文にしたいところなのですが）表現する、そして、それを口頭でも発表できる、このプロセスを極力自立的に展開できることを具体的な目標にすえて、情報リテラシーの育成を考えているのです。

勤務校では、高学年は持ち上がることが通例なので二年間かけて情報リテラシー育成の総まとめに取り組むことができますが、一年間の指導でも、教師の視点と見通し次第でずいぶん多くのことを学び身につけてもらうことができるはずです。

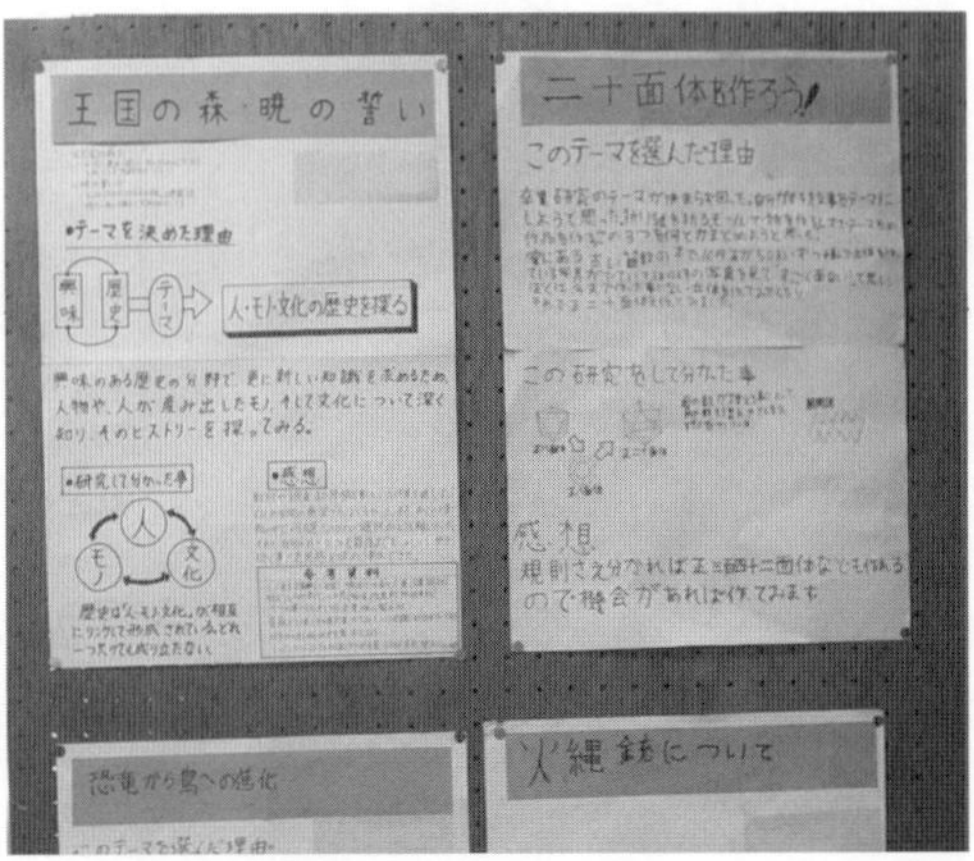

掲示された卒業研究の概要

2 図書館利用指導の仕上げ

■分類の指導

中学年からスタートした図書館クイズによる利用指導もいよいよ仕上げに入ります。

中学年では、この学年でよく使う本のことを例にとりながら、年度初めのオリエンテーションや図書館クイズで日本十進分類法の０〜９類までについて簡単に触れてきました。高学年ではこれを発展させて行きます。

中学年同様、学年当初にはオリエンテーションで分類法について説明し、その学年の学習で使うことが多い分野を説明し代表的な本を紹介していきます。何度も毎年と思われるかも知れませんが、高学年ぐらいになると学校図書館に縁の深い子とそうでない子の傾向がはっきりしてきます。分類法なんてもう知っているという子どももいますが、残念なことに毎年新鮮に聞いてくれる子どももいるわけです。年に一回ですから、仕方がないのかも知れませんが、くり返しやっていくことが重要だと思っています。

オリエンテーションに加えて高学年では本を実際に分類してみる図書館クイズに挑戦してもらっています。例えば『アジア太平洋戦争の研究』という本を示して、この本ならばどの類に分類されるのかというクイズを出し、そのクイズの答えを考えることを通して分類法に関する知識を確かなものにしてもらいます。

四人から六人一グループになった子どもたちに前にはかごに入れられた十冊ほどの本が示されます。ラベルの所は覆いがしてあり、分類がわからないようにしてあります。

「皆さんの目の前にある本は、どんなラベルがはられているでしょうか、考えて書いてください」

ワークシートには分類、著者名、書名が書けるようになっています。子どもたちは、一冊ずつ手にとって考えていきます。すぐに思いつく子どももいますが、そうはいかない子どももいます。その子の普段つきあいがある本の分野がどうなっているかによるところが大きいようです。また、

ラベルを隠して分類を考える

公共図書館の利用の頻度によっても違うようです。なかなか思いつけない子どもは、メディアルーム内の書架にある分類表示などを手がかりにしながら、分類を決めていきます。

すべての分類が終わったところで、答え合わせです。ラベルの覆いをとると、「やっぱりね！」という的中の声や「そうか、そうかと思ったんだよ」と迷ったあげくの選択がはずれた悔しそうな声が聞こえます。

ここで、分類も、いくつかの考え方があることが説明されます。例えば、環境問題に関する本であれば3類の社会科学に分類される場合もあれば、5類の技術・工学に分類される場合もあるわけです。これは分類する人が、その本の主題をどう考えるかによって決まってくるわけです。

私の勤務校ですと、高学年では理科や社会科、家庭科などで指定されたテーマや自分で決めたテーマでレポートを書いたり、調

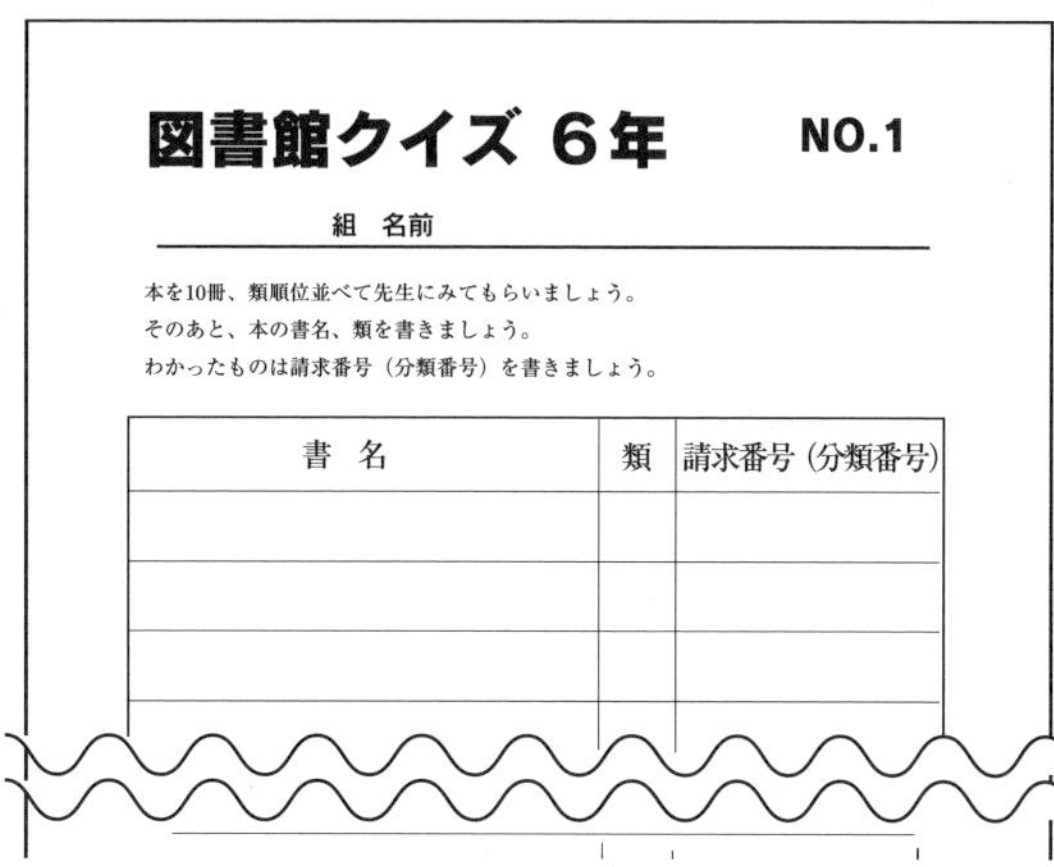

図書館クイズ 6年　NO.1

組　名前

本を10冊、類順位並べて先生にみてもらいましょう。
そのあと、本の書名、類を書きましょう。
わかったものは請求番号（分類番号）を書きましょう。

書　名	類	請求番号（分類番号）

使用するワークシートの例

〈高学年用の図書館クイズ〉

図書館クイズ1

年　組 名前

図書館で本や資料を探す練習のためのクイズです。
図書館にある資料、検索パソコンなどを使って答えてみましょう。

〈1〉次のことがらを調べるとき、それぞれどんな図書資料がふさわしいですか？　左右を線でむすびましょう。

① 草花の名前を知りたい・	・地図
② 読めない漢字があったとき・	・外来語辞典
③ 関東地方の山脈を調べる・	・人名辞典
④ 発明という言葉の意味を知りたいとき・	・植物図鑑
⑤ 芥川龍之介についてくわしく調べたいとき・	・漢字辞典
⑥ 2000年の日本の人口・	・年鑑
⑦ すもうについてくわしく知りたいとき・	・百科事典
	・国語辞典

〈2〉次のことがらについて、年鑑を使って調べてみましょう。

調べることがら	どこの調査か	数・量	単位	調査年
例）東京の人口	国勢調査	12,064,101	人	2000年
自動車の輸出台数				
米のとれ高（新潟県）				
日本の日刊紙の発行部数				
東京の工場で働く人の数				

図書館クイズ2

年　組 名前

図書館で本や資料を探す練習のためのクイズです。

〈1〉国語の教科書に『新しい友だち』が載っています。その作者の本を図書館で探してください。

作者はだれ？

____

書名（三冊）	

〈2〉次のことを調べる本はどこにあるでしょうか？　類（ラベルの大きい数字）を書いてください。

こんなことを調べる	ラベルの数字
自動車工場のこと	
有機農業のこと	
人間の呼吸のこと	
環境問題について	
米の作り方	

べたことを発表したりすることが結構あります。中学年ですとクラス共通のテーマでということが多いのですが、高学年ともなると、テーマが分かれてくる場合もあるのです。

もちろん、そういう学習をスタートする前に司書の吉岡先生にブックトークをしてもらって、その学習テーマに関する本にはどんな本があるのかオリエンテーションしてもらうこともあるのですが、すべてでそうできるわけではありません。高学年では子どもが調べたい主題によって、まずどの棚の前に立ってみようかという目算が立てばよいと思います。

■ノンフィクションの読書を勧める

子どもたちが調べるために学校図書館にやって来ることが多くなるのも高学年期の特徴です。そうなってくると、図鑑や、学校でよく取り上げられるテーマについて学校図書館むけに作られたシリーズ本以外にもノンフィクションの本を読むことができると、よりよい問題解決ができる場合もあります。

高学年用のブックトークの選書（テーマは「戦争について」）

例えば公害問題で水俣病について調べている子どもが原田正純の『水俣の赤い海』[※1]等が読めると追究も変わってきます。事件の経過がわかるだけでなく、当事者の具体的な姿や思いなどが読み取れるようになっていきます。また、日本の工業について学習している子どもたちが『ジュニア版 NHKプロジェクトX』[※2]を読むと、もの作りに携わる人々への親近感が変わります。

問題は学校図書館のコレクションの中に、子ども向けの良質なノンフィクションが集められているかということです。

幸い私の勤務校では司書の吉岡先生が、高学年ではノンフィクションを読むことが大切だと私たち教師を啓発してくれて、学校図書館のコレクションには子どもたちが喜んで手に取りそうで、学習にも関連のあるノンフィクションの本が多く用意されていました。ただ、多くの子どもたちはノンフィクションには親しんでいないので「おすすめのノンフィクションの本のリスト」を作ってもらい、子どもたちに配布しました。

このリストが配布された後、子どもたちの読書ノートにはノン

※1　フレーベル館
※2　汐文社

〈ノンフィクションのリスト例〉

ラベル	本の題	著者	出版社	本の内容
51	どろんこサブウ 谷津干潟を守る戦い	松下竜一	講談社	昔の谷津干潟のようにしたいと願って15年間ゴミをひろいつづけた森田三郎さんの感動の記録です。
28	たたかいの人　田中正造	大石 真	フレーベル館	日本の公害第一号といわれる足尾鉱毒事件に生涯をかけて闘った田中正造の生き方を描いている。
オ	魔術師のくだものづくり	岡本文良	くもん出版	国際協力事業団の果樹栽培プロジェクトのチームリーダーとして、ネパールの山地に、ブドウ、クリ、ミカンなどの栽培を成功させた近藤亨の物語。
ヘ	ぼくはあの戦争を忘れない！	ジャン＝ルイ・ベッソン	講談社	戦争が始まった。父さんは兵隊にとられ、食糧は不足し、ドイツ兵がやってきました。フランスの少年の目で見た戦争です。
44	大望遠鏡 「すばる」誕生物語	小平桂一	金の星社	宇宙の果てまでも見通そうとして10年がかりで建設されたすばる望遠鏡。構想段階から「すばる」計画の総括責任者をつとめてきた著者が書きました。
51	みみずのカーロ	今泉みね子	合同出版	ドイツのこの学校はちょっと変わっています。学校にゴミ箱は１個しかありません。ミミズを飼って環境のことを考えている学校です。
66	漁師さんの森づくり	畠山重篤	講談社	海は森が豊かだとたくさんのプランクトンによってゆたかになります。魚にとって森が豊かなことは大事なことです。
オ	五体不満足	乙武洋匡	講談社	生まれつき両手両足がない作者がどんな成長をしたか書かれています。障害ってなんだろうと考える本でしょう。
42	アーチの力学	板倉聖宣	仮説社	なぜアーチは強いのでしょう。昔の人が石を積んでアーチ型の橋を造ったことがわかりやすく書かれています。
51	森は生きている	富山和子	講談社	日本の国土の７割が森林で、私達はその恵みを受けてきました。木から作る物のほかに、ゆたかな水も土も酸素も森が育んでくれたものです。
ナ	鯨と海の物語	那須敬二	成文堂	海上生活2300日、観察した鯨4000頭。鯨に魅せられた著者が、鯨と海洋の調査・研究に邁進した経験で鯨の生活・生態、海洋の持つ物理を語っています。

ラベル	本の題	著者	出版社	本の内容
コ	エンデュアランス号大漂流	エリザベス・コーディ・キメル	あすなろ書房	南極で、船が氷にはばまれ、進むことができず、絶望的な中でみんなで協力した28人の男たちの記録です。
オ	植村直己地球冒険62万キロ	岡本文良	金の星社	冒険家の植村直己は５大陸を冒険し、犬ぞりで北極を行き、、マッキンリーに一人で登頂して行方不明となりました。
ヒ	わたしは千年生きた	ビトン＝ジャクソン	NHK出版	13歳の時にアウシュヴィッツ収容所に入れられた著者が、約１年後に解放されるまでの体験を語る。
コ	ブータンの朝日に夢をのせて	小倉正夫	くもん出版	国際協力事業団としてブータンで西岡京治は自然と人々を心から愛し、ひたすら農業の指導に取り組み続けました。
ネ	「ネルソンさん、 あなたは人を殺しましたか？」	アレン・ネルソン	講談社	ベトナム戦争から帰還したネルソンはすさんでいました。小学校で話をしたとき「ネルソンさん人を殺しましたか？」と聞かれて衝撃をうけました。戦争の本当の話。
シ	約束の国への長い旅	篠 輝久	リブリオ出版	リトアニアの領事の杉浦さんはポーランドからナチスの迫害をのがれてきたユダヤ難民に手書きのビザを出してたすけました。
ハ	小学生日記	hanae	プレビジョン	読書感想文で文部科学大臣賞受賞の小学六年生「天才作文家」がかいた作文です。いじめやフリマなど身近なことを書いています。
ワ	レイチェル・カーソン	ワーズワース	偕成社	『沈黙の春』と題された本は、当時使用されていた殺虫剤、除草剤、その他の化学物質が、環境や生きものに、世代をこえて影響を与えることを初めて警告したのだ。
489	シマリスの冬ごし作戦	川道美枝子	文研出版	北国の森に住むシマリスの冬眠用地下巣の謎を追いながら、シマリスの習性、生態、森とのかかわりが書かれています。
28	エイブ・リンカーン	吉野源三郎	ポプラ社	貧しい木こりの子として生まれたアメリカの大統領、エイブ・リンカーンが凶弾に倒れるまでの生涯。
ミ	四人はなぜ死んだのか	三好万季	文藝春秋	中三の夏休みの宿題でインターネットを使って見つけたあの和歌山毒入りカレー事件の「盲点」とは？

ラベル	本の題	著者	出版社	本の内容
38	食べ物と自然の秘密	西谷 大	小峰書店	中国では餃子は水餃子か蒸し餃子。中国から伝わったのに日本では焼き餃子が一般的なのでしょう？身近な食べ物を通して、そこに生きる人々の暮らしを探ります。
46	蚊も時計をもっている	千葉喜彦	さ・え・ら書房	蚊が動物の血を吸うのはなぜ？血を吸うのはオス？　メス？　血を吸いに来るのはいつ？　どんな時計を持っている？　活動の秘密をさぐります。
レ	霧の中の青春	メイヤー・レビン	リブリオ出版	ユダヤ人女性がナチの迫害を避けて逃亡するまでを語っています。
イ	生きてます、15歳	井上美由紀	ポプラ社	500グラムで生まれ、生まれつき目が見えないが、なんでもできるようがんばる美由紀さんです。
ニ	冬のデナリ	西前四郎	福音館書店	大学中退の米国人と日本の若者が出会い、目指したのはマッキンレー。零下50度、風速毎秒50m、高度6000m。厳冬期マッキンレー初登攀を達成した若者達の夢と挫折を描く。
45	ひきさかれた大陸	小畠郁生	偕成社	1912年ドイツの気象学者ウェゲナーが発表した「大陸移動説」。この壮大な地球の謎に挑戦した世界の科学者達の物語です。
28	天と地を測った男	岡崎ひでたか	くもん出版	日本中を測量して地図を書いたという革命児であった伊能忠敬を、幼少・少年期から書いています。
アオイトリ	だから、あなたも生きぬいて	大平光代	講談社	「いじめによる自殺未遂」、「非行」、「極道の妻」と人生のどん底を体験してきた著者が、29歳で弁護士になるまでの軌跡を描いています。
ニ	小さな反逆者	C.Wニコル	福音館書店	冒険家でナチュラリストとして知られるニコルの3歳から13歳までの自叙伝です。異端児扱いといじめのなかで成長してきました。
40	おもしろくても理科	清水義範	講談社	理科は楽しい、科学は愉快！慣性の法則、脳の中身、地球の滅亡などがこんなに楽しくよくわかるエッセイです。
62	白菜のなぞ	板倉聖宣	平凡社	冬野菜としてたくさん使われている白菜が大陸からわたってきたときには日本ではなかなか作れなかったとか。

ラベル	本の題	著者	出版社	本の内容
オ	アイ・ラヴ・ピース	大澤 豊・山本洋子	ひくまの出版	アフガニスタンと島根県大田市を舞台に、地雷で足を無くした12歳の少女と出会った女性義肢装具士をめざす聴覚障害者の心の交流物語。
486	黒いトノサマバッタ	矢島 稔	偕成社	緑色のバッタが、なぜ黒くなるのか？「昆虫園」という現場で、日々つきあい続けることによって初めて明らかにされる昆虫たちの本当の姿。
マ	レーナ・マリア物語	レーナ・マリア	金の星社	生まれたときから両腕がないスウェーデンの女性歌手、レーナ・マリアの生い立ちから現在までを紹介しています。
ロ	きれいな絵なんかなかった	アニタ・ローベル	ポプラ社	きっと、ばあやが助けにきてくれると思っていました。絵本作家が、鮮やかによみがえらせる、ホロコーストを生きぬいたこどもの日々でした。
31	人権を考える旅	荒巻 裕	ポプラ社	人権とは何か？　ジャーナリストとして、一研究者として、アジアの人々に出会い、語り合い、さまざまな課題をつきつけられた体験を通じて改めて人権とは何かを考える書。
ス	ぼくと チェルノブイリの こどもたちの5年間	菅谷 昭	ポプラ社	甲状腺の専門医としてチェルノブイリで被爆した少女達を助けるために過ごした５年間の記録です。
レ	ハンナのかばん	カレン・レビン	ポプラ社	第二次世界大戦の時、アウシュビッツで殺された13歳のハンナのかばんから、ハンナがどんな少女で何が起きたかを書いています。

Y

フィクションの本が記録されるようになりました。また、おもしろいことなのですが、これまでファンタジーには興味を示さなかった子どもたちの中に、ノンフィクションならばと手に取る子どもが見られたことです。

3 問題解決の場で情報リテラシーを用いる

■様々な学習の場に位置づけ年間を見通して情報リテラシーを育てる

3章では学年のはじめに、どんな内容が存在するのか概観し、どの単元で何を重点として情報リテラシーを育てるか考えておくとよいということをお示ししました。

そこでも触れましたが、学校ぐるみで情報リテラシーを育てられるようなカリキュラムに改革していければ理想的なのでしょうが、そこまではできないという学校が多いのではないかと思います。現代の学校は抱えている課題が多いですし、また、学校を動かしていくことは容易ではありません（もちろんできないことではありませんが）。そういった学校でも教師が情報リテラシーを育てようという指導の視点を持つことで、先にあげた重点をもとにして一年間の学習の中に育てる場を拓くことができます。

逆に、たとえ情報リテラシーを育成するように作成されているカリキュラムでも、内容を固定的に考えていると、目の前の子どもたちの意欲や高まりに即応できないという欠点のあることも強調しておきたいと思います。

私はカリキュラムとは、指導内容を子どもに保障するための最低限のものだと考えています。それ通りにやっていけば最低限のものは保障できるでしょうが、子どもたちの興味関心に応じて臨機応変に指導内容や指導方法を修正して実践すれば教育の効果は一層上がります。

しかし、これは教師の手がなければできません。カリキュラムはあくまで仮のものとして設定し、子どもの状況を見て修正しながら実践していった方が、よりよく情報リテラシーは身につくように思います。

例えば私が今年の五年生を担任するとしたら、情報リテラシーを育てるためにこんな見通しを持とうと考えたものを以下にお示しします。

〈一学期〉

①図書館オリエンテーション

（図書館クイズで十進分類法と国語辞典・漢字辞典・百科事典等の図書館の利用方法を学ぶ）

②算数

「小数と整数」から教師の板書視写による基本的なノート指導。※3

③社会科

「食料生産を支える人々」で日本地図・表・グラフの読み方、スーパーマーケットでのフィールドワーク※4の方法とメモの取り方、そのまとめ方、発言の仕方の指導。

④国語

※3　まずは教師の板書通りノートに写せるかを指導する。教師の板書を指導内容がビジュアルにわかるよう工夫するのも忘れてはならない。ノート指導については、小林宏己『「学習ノート」のつくり方　活かし方』東洋館出版社　一九九〇年　が参考になる。

※4　フィールドワークの方法については、拙稿「事例6　5年フィールドワーク」（次山信男・大澤克美編『総合学習・生活科・社会科　活動研究ハンドブック』）教育出版　一九九八年を参照。

「言葉の研究レポート」と社会「食料生産を支える人々」を関連させ、日本の米作りに関するレポートの書き方（課題設定・調べる—ウェビング、カード・レポートという表現[※5]）の指導。

⑤**理科**

「天気の変化」で、新聞の読み方、[※6]ニュース番組の見方の指導。

〈二学期〉

⑥**特別活動**

「上野公園で学ぼう」（自分達で設定した課題に基づいた博物館・美術館等の見学主体の遠足）の報告会で行うポスターセッション[※7]でのプレゼンテーションの指導。またそれのもとになる博物館等の調べ方の指導。国語「千年の釘にいどむ」の文と写真・図による説明を参考に。

⑦**社会**

「工業生産を支える人々」の自動車工場見学を国語「インタビュー名人になろう」と関連させ見学時のインタビューと新聞づ

※5　本章「4　問題解決のプロセスをなぞってみる」参照。

※6　新聞の利用の仕方については本章「9　新聞・テレビを読む」参照。

※7　学会等で研究等に関する要点や資料を視覚に訴えるように構成したポスターを掲示し、参加者が自由に見て回れるようにした発表の形式のこと。ポスターの脇には発表者が控えていることも多く、参加者の質問に答えたり説明を行ったりする。次ページ写真・図参照。

くり指導。[※8]

〈三学期〉

⑧算数

「分数」の学習で、自分の考えが表現されるノートの指導。

⑨国語

「ニュース番組作りの現場から」「工夫して発信しよう」

⑩社会

「くらしを支える情報」で、ニュース番組作りの中で、インタビュー等を利用した取材、編集、放送の映像表現の指導。

（単元名は勤務校の使用教科書[※9]を参考にしました）

〈プレゼンテーション用ポスターの構成〉

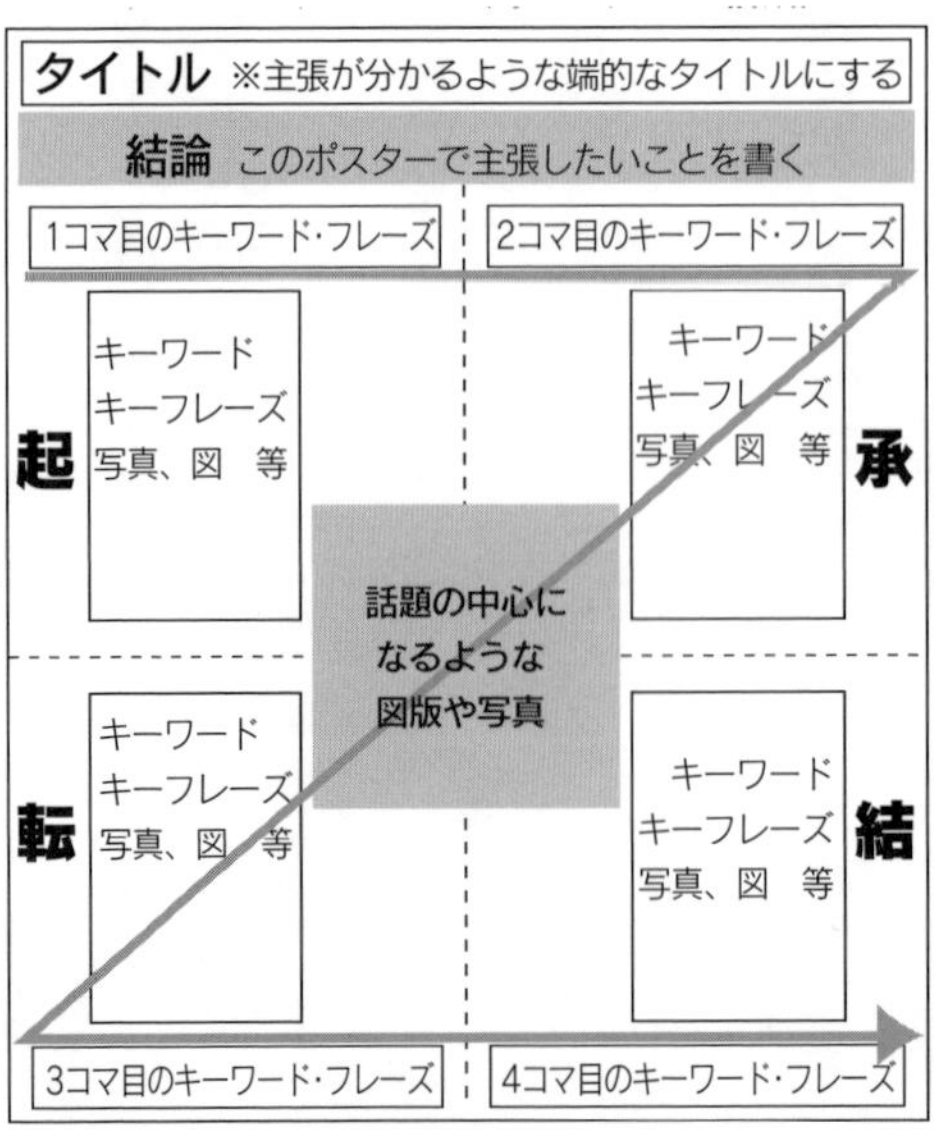

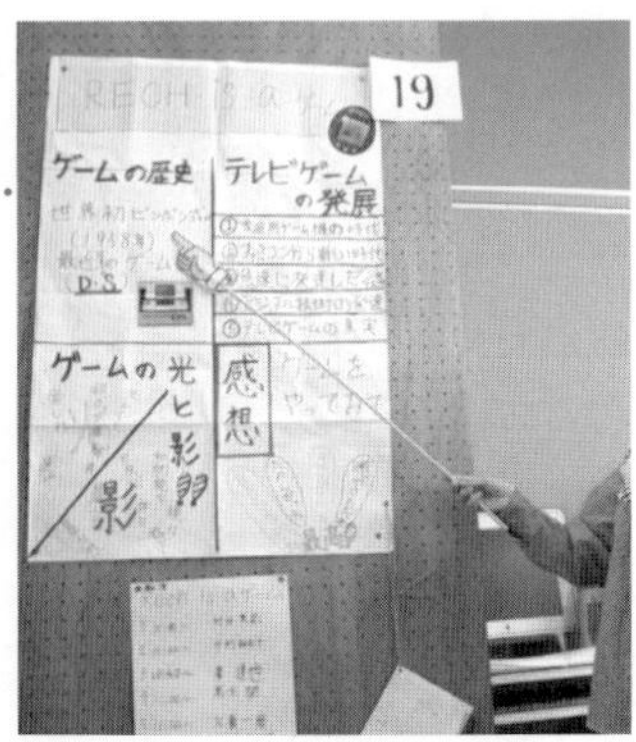

この中にはノート指導や話の聞き方、話し方、話し合いの仕方など、その単元をきっかけにして年間を通じて指導していかねばならないものも多くありますし、またくり返し取り組むことが重要です。これらを上手につなぎ合わせていき、子どもが自分で意識して使える技として育てていくことが大切です。

■問題解決は表現すること

問題解決において、表現することは重要です。私たちは子どもたちの問いに寄り添いながら検索の技、思考の技、表現の技を指導してきているはずです。これら情報リテラシーの技のいずれもが重要なのですが、最後にあげた表現のために作成される作品を構成する過程の中に、集中的に子どもたちが身につけた技が活用されます。

視点を変えれば、作品を作る過程で集中的に情報リテラシーの技を指導する機会があるわけです。五年生の社会科の農業の学習での短いレポート作成で見ていきたいと思います。

※8　前掲『総合学習・生活科・社会科　活動研究ハンドブック』「活動の基礎研究　⑥新聞」参照。

※9
国語『銀河（国語五上）』『大地（国語五下）』いずれも光村図書出版
社会科『小学校社会　5上』『同5下』いずれも教育出版
算数『みんなと学ぶ　小学校算数5年上』『同　5年下』いずれも学校図書
理科『みんなと学ぶ小学校理科5年』大日本図書

4 問題解決のプロセスをなぞってみる

■問題をどう設定するか

五年生の米作りの学習で、疑問に思っていることや知りたいことについて問題を設定し、レポートを書いてもらいました。

日常生活や学習の中で生じた自然な疑問や問題意識がある場合と異なり、教師の側から課題を示す時は、子どもたちの問題意識に差があるのは当然のことです。

ただ、高学年は子どもの知的好奇心の高まる時期でもあります。その子の中で問題意識が醸成される過程を保障していけば、その子なりの問題意識は生まれていきます。なんといっても日頃食べている食料に関する問題ですから接点はあるはずです。しかし、自分の中に沈んでいる問題意識を見つけるためには刺激も必要です。

■再び教科書の活用 ― 0冊目の本としての教科書

まず調べるための0冊目の本[※10]として問題に関する信頼性の高い基礎的知識を手に入れることのできる教科書を丁寧に読むことを指導します。

教科書は子どもに関する専門家が長い時間かけ吟味して作ったものです。信頼性の高い情報が掲載されている重要な情報源です。教科書を読む際には教師が教科書の構成を教えながら、わからない言葉や、重要ではないかと思われる言葉＝キーワードにアンダーラインを引きながら読むことを指導します。慣れていないとすべてにアンダーラインが引かれることになりますが、そのような体験も必要です。読む分野に対しての知識が少なければ、どうしてもアンダーラインをたくさん引いてしまうものです。

次第に重要な言葉だけに注目できるようになっていくことを子どもたちに伝え安心させてあげながら、農業の単元の最後まで教科書を読み通しました。わからない言葉は国語辞典で引きながら、

※10　0冊目とするのは図書館の書架に立つ前に見るべきという意味。

それでも解決しないものはキーワード候補として残し、キーワードの一覧表をつくってみるとよいと思います。

■ウェビングで問題をしぼる

この一覧表を作る作業の中で、問題を見いだす子どももいますが、さらに、キーワード相互の関係がどのようになっているのか考えながらウェビング[※11]を行います。キーワードとキーワードを結ぶ線は、直感で結びます。そして「これとこれは何で結んだのだろう？　どういうつながりがあると思ったんだろう？」と自問自答します。

それによってぼんやりとした思考がウェビングに表現することによって見直されます。友達同士で見合い、説明し合う中で次第に自分の疑問、調べ考えたいことがはっきりとしてきます。それを端的に表すキーワードを紙の真ん中に書いて、そこからつながるキーワードを書き出して二つ目のウェビングを行います。

これを行う際に、中心に選び出したキーワードを国語辞典や百

※11　ウェッビング、マインドマップ、イメージマップ、コンセプトマップ等ともいう。具体例は一一六ページ。
福岡敏行編・著『コンセプトマップ活用ガイド』東洋館出版社　二〇〇二年
関浩和『ウェッビング法―子どもと創出する教材研究法』明治図書　二〇〇二年
等を参照のこと。

科事典で調べ直すことも勧めます。知ったつもりでいた言葉でも、改めて定義や説明を見直すと知らずにいたことがあるものです。

二つ目のウェビングは一つ目の作業を行うことで気になってきたキーワードを中心に作ったものですからより自分の疑問や問題意識を反映したものになってきています。

この二つのウェビングを作成する中で多くの子どもはレポートで扱う問題を設定することができました。それでもまだはっきりとしない子どもがいます。教師はその子が作ったウェビングをもとにして話しながら、その子どもの問題意識を掘り起こし課題を明確にしていきます。

ウェビング以外にもよい方法がありますが[※12]、大切なことは頭の中にあることを書き出し操作できるようにして見直したり、他者との相談材料とすることです。

問題が設定できたら、なぜ自分がこの問題を調べてみようと思ったのか、調べたいことは何かを改めて文章で表現して確認しておきます。

※12　他にもキーワードを列挙してキーワードリストを作ったり、重要事項を箇条書きにして書き抜いたり、KJ法を用いたり、カードに書き出したり、メモリーツリーを描いたり、といったことが考えられる。KJ法については川喜田二郎著『発想法―創造性開発のために』中央公論新社（中公新書）一九六六年、カードについては梅棹忠夫『知的生産の技術』岩波書店（岩波新書）一九六九年　が参考になる。

〈ウェビングの例〉

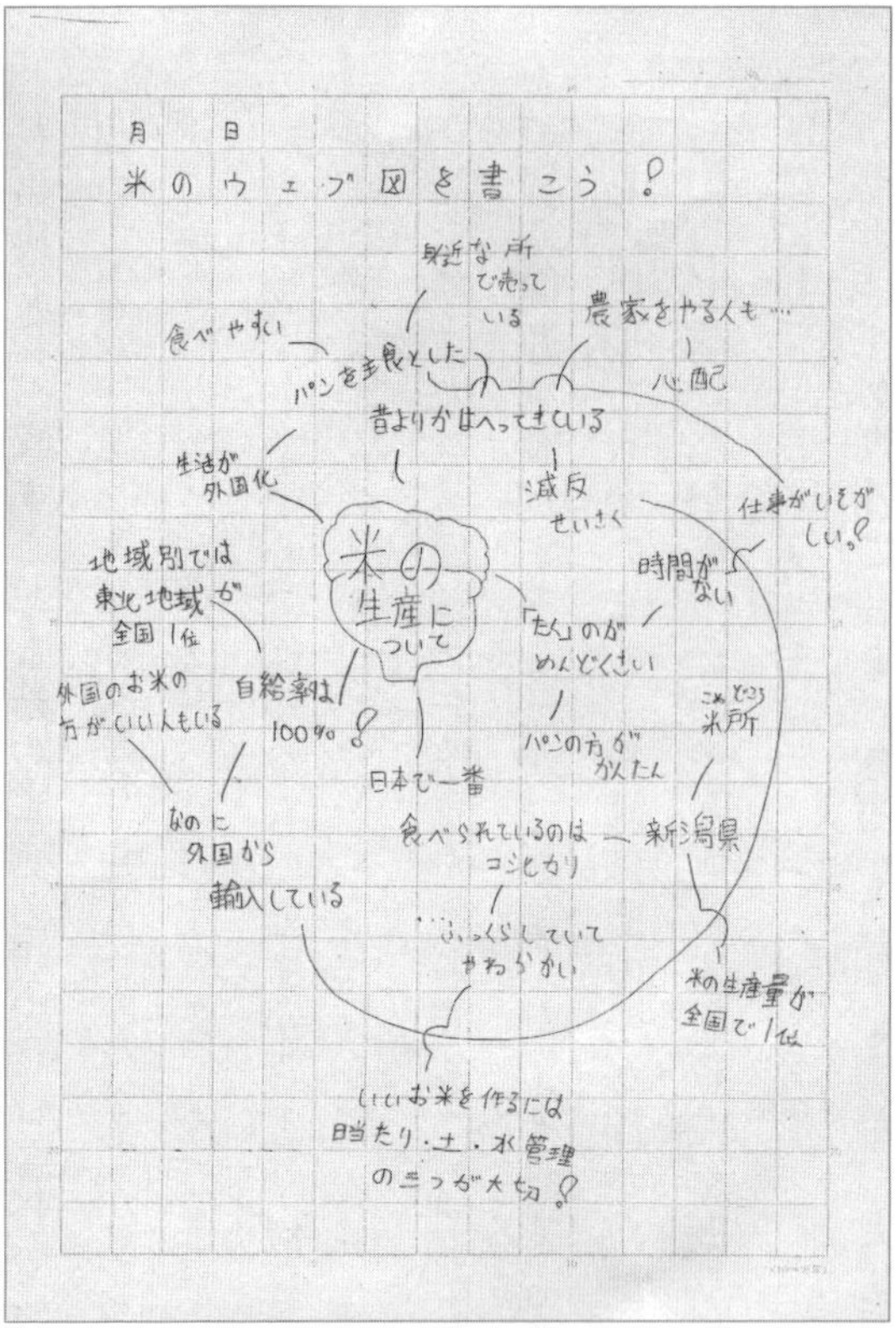
米のウェブ図を書こう！
米の生産について
食べやすい
パンを主食とした
昔よりかはへってきている
農家をやる人も…
心配
生活が外国化
減反
仕事がいそがしい
時間がない
地域別では東北地域が全国1位
自給率は100%！
「たん」のがめんどくさい
パンの方がかんたん
外国のお米の方がいい人もいる
日本で一番
米所
なのに外国から輸入している
食べられているのはコシヒカリ
新潟県
ふっくらしていてやわらかい
米の生産量が全国で1位
いいお米を作るには日当たり・土・水管理の三つが大切！

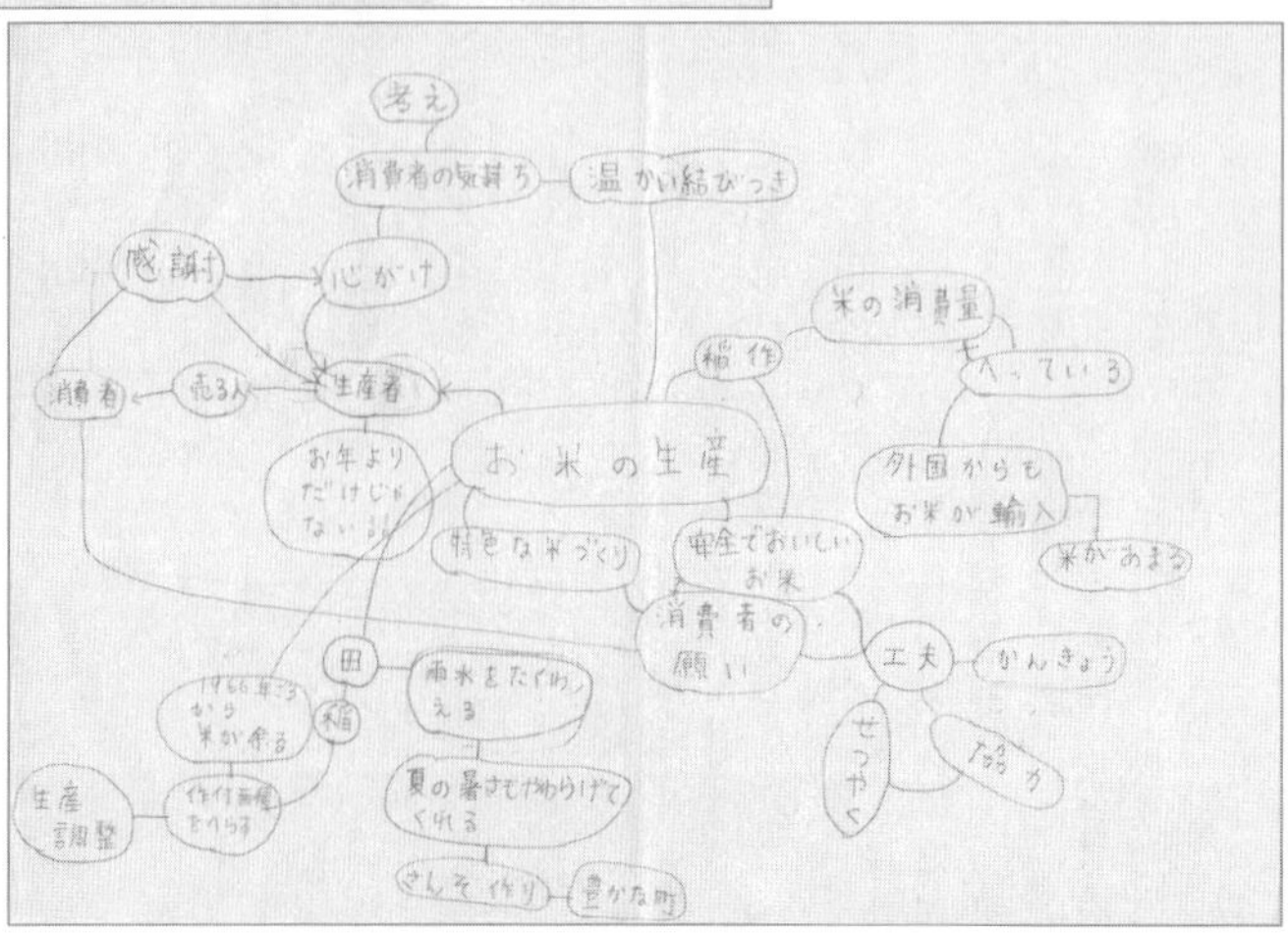
考え
消費者の気持ち
温かい結びつき
感謝
心がけ
米の消費量
稲作
へっている
消費者
売る人
生産者
お米の生産
外国からもお米が輸入
米があまる
特色な米づくり
安全でおいしいお米
消費者の願い
工夫
かんきょう
せつやく
田
稲
雨水をたくわえる
夏の暑さをやわらげてくれる
生産調整
豊かな町

■一冊の本を選び、カードに書きながら読む

次に明確にした調べたい動機（問題意識）調べたいこと（問題）がわかりやすく書かれている本を探します。

まずは書架の前に立つでしょう。この時に図書館クイズや日常の指導で分類法がどれだけ自分のものになっているのかが問われます。勤務校の学校図書館ですと2類で米づくりの歴史（伝播）、3類で食習慣、4類で植物としての稲、他にも5類、6類があります。これらに気づけるかが問題です。

本は実際に手に取ってみれば、自分の知りたいことが載っている本か、自分の力で読める本かがわかります。ただし貸し出し中で書架にない本もあるわけですから目録の利用が不可欠です。教師はあらかじめレポート作成に利用できそうな本の目録（単元別資料一覧）を作成しておきますが、その目録では

カード目録ボックス

満足できない子どももいるはずです。書架で見つけた本の類のカード目録[※13]を見ると、貸し出し中で書架になかった本や類似した問題を扱った本を見つけられます。また件名目録があればそれを引かせたいです。

電子目録であれば件名に入れるキーワードが必要ですが、この時にウェビングが役に立つのです。ウェビングであげたキーワードを利用していきます。それでも本が見つからない場合は最後の手段「人に聞く」です。本以外にも、VTRやCD―ROM、インターネットの情報等、他のメディアも資料として考えられます。

そうやって見つけた、調べるための一冊目の本を辞書を引きながら、大切そうな点は情報カードに書き抜き読んでいきます。後でレポート作成時に引用できるような情報カードの使い方も指導したいです。私は出典情報が記入できる情報カードを作って使わせています。

検索用コンピュータ

※13 カード目録は電子目録をひく際のベースになる身体的な経験をもたらしてくれる。

〈単元別資料一覧の例〉

5 年	1. 食糧生産を支える人々	1 農業のさかんな地域をたずねて (1) 稲作にはげむ人々

ラベル	書 名（シリーズ・全集）	著者・作者	出版社	備 考
67	新しい小学生の社会科見学 4 米づくり農家の見学	次山信男／監修	ポプラ社	
61	写真でわかるぼくらのイネつくり プランターで苗つくり	農文協／編	農文協	
61	写真でわかるぼくらのイネつくり 田植えと育ち	農文協／編	農文協	
61	写真でわかるぼくらのイネつくり 稔りと穫り入れ	農文協／編	農文協	
61	写真でわかるぼくらのイネつくり 料理とワラ加工	農文協／編	農文協	
61	写真でわかるぼくらのイネつくり 学校田んぼのおもしろ授業	農文協／編	農文協	
61	稲と穀物 農業の将来	堂脇昭夫／著	あいうえお館	
61	わたしたちの生活と産業 2 米をつくる ―庄内平野の米づくり	前野和久／監修 飯島博／著	ポプラ社	
59	安心して食べる知恵　第 2 巻 米とめん・パンなど加工食品	増尾清／監修	学研	
60	たのしくわかる日本の産業 1　米・麦・豆・いも		小峰書店	
61	お米のひみつ 学研 まんがでよくわかるシリーズ	田中久志／漫画	学研	
60	図解・みんなの産業シリーズ 1　米		学研	
60	図解・いきいき日本の産業 1 米		学研	
59	たべもの教室 1 米でつくる	家庭科教育 研究者連盟／編	大月書店	
61	お米は生きている	富山和子／著	講談社	
61	お米は、なぜ食べあきないの？ 調べるっておもしろい！	山口進／著	アリス館	
58	お米のひみつ 楽しい料理と実験	小竹千香子／著	さ・え・ら書房	
61	カモが育てるゆかいな米づくり アイガモ家族	佐藤一美／著	ポプラ社	
カ	町にとびだせ探偵団 おコメと水をさぐる	金森俊朗／著	ゆい書房	

Y

〈情報カードの書き方〉

カードの通し番号を記入する

テーマ　　NO. ⑥

① レポートのテーマを記入する

② 情報が掲載されていたページを記入する

③ 情報を引用する

④ ★印をつけて考えたことや感想等を記入する

分類	著者名	書名	出版年	出版社
⑤ 参考にした書籍の書誌情報を記入する				

テーマ　　No. 1

学童疎開について～疎開先での生活～

P.31

◎「だいたい朝は6時に起床、洗面、清掃、体操があって朝食。午前中は大掃除、授業、自習などで、昼食後は授業、体操、武道などが終わると自由時間があり、夕方に入浴して夕食。寝るのは8時という生活でした。」

★1日中みんなといっしょでその上規則が厳しくて息がぬけない生活だったそうだ。学童疎開を経験した山田さんに話を聞いた時には上級生からいじめられたりもしたそうだ。そんな生活はわたしにはとてもできないと思った。

分類	著者名（監修）	書名	出版年	出版社
2 1	鎌田和宏	調べ学習日本の歴史8 アジア太平洋戦争の研究	2000年	ポプラ社

〈情報カードの使用例〉

テーマ　　No. 1

米の安全性

・P.206
「やってみると、初め思ってたことと違うことが出てきたんです。有機栽培でとれた米を毎月一回ずつ配達していると、安心して食べられるものがとても少ないという消費者の声がたくさん聞こえてくる。おじさんの子ども三人もアトピーなので、安全な食べ物がほしい」

★ 西さんは自分の子どももアトピーなので安全な食べ物がほしいと思った。

分類	著者名	書名	出版年	出版社
カ	金森 俊朗	町にとびだせ探偵団 おコメと水をさぐる	1994年	ゆい書房

テーマ　　No. 2

米の安全性

・P.211～212
自然はとても偉大です。自然の力を借りて人間は生きているのだと思います。その自然を大切にできるのが農業であり、林業だと思います。

みなさんもいずれ大人になります。お金ばかりに目を奪われるのではなくて人のためや社会全体のためになる仕事や生き方の方が何倍もやりがいがあり楽しいと思います。

★ 安全性を考えた米作りは自然や社会のためになるということが分かった。

分類	著者名	書名	出版年	出版社
カ	金森 俊朗	町にとびだせ探偵団 おコメと水をさぐる	1994年	ゆい書房

■カードを並べ構成を考えて書く

一冊目を読み終えてカードが数枚書き上がったら、それを並べてみます。時間が許せば、何冊も読み進ませたいところです。広げたカードを一覧し、レポートで使えそうな事柄が書かれているカードを三、四枚選びます。自分がなぜこの問題を調べたいと考えたのか、それを説明する具体的な事例のカード、そして具体例をまとめるような考え方等を示したカード等を選びます。

どのカードが使えそうなのか考えて選びなおしたり、説明の順序を考えて順番を並べ替えたりして、実際に書くレポートの構成を考えます。この作業が終われば レポート作成です。

①なぜ調べようと考えたのか
②明らかにしたい事柄は何か
③わかったことは何か
④明らかになったことから考えたことは何か

⑤調べるために使った本のリスト

この五本の柱で書いていきます。

その過程で完成したレポートを互いに読み合い、感想を伝え合う場を設けます。仲間は類似の問題で追究したわけですから、レポートを理解する下地は十分あります。それによって、レポートでは十分展開できなかった点、もっと調べたい点、新たに気になった点等がはっきりしてくるはずです。

このような作品づくりの過程を経ると、身につけた情報リテラシーの技がどのように使えるのか見直され、生きて働く技として磨かれていきます。他の種類の作品づくりを経験させたりもして、その子が研究したいことをもとに卒業研究に取り組ませたいものです。自分の問題意識をもとに小学校で学んだ情報リテラシーの力と技を試し磨き上げる自立的な問題解決となることでしょう。

5 切実性のある問題解決過程で用いる経験を持たせる

■ある社会科の授業の場面から

「できっこないよ……　でもそれじゃあ困るな」

これは、五年の工業の学習で食品添加物使用の是非をめぐって考えていた時の康夫君の言葉です。一学期には無農薬有機栽培が広がらないのはなぜか考え合った子どもたちは、二学期には食品添加物を使うのはなぜか考え合ってきました。

教科書で扱う工業の事例は自動車工業なのですが、どうしても「食の安全性」に関する問題を考えていきたいという子どもたちの声に押されて、食品加工業について考えてきたのです。

康夫君は続けます。

「僕だって普段、駄菓子屋とかで着色料の入ったお菓子を買っている。だって安いんだよ。子どもの小遣いじゃ安全なおやつなんて、あんまり買えないからね。だからやめられないんだ」

初めは、何で体に害があるかもしれない食品添加物なんか使うのだろうと調べ始めた子どもたちでした。教科書に載っていない問題を考えるのですから手がかりを探すことは難しいのです。

学校図書館の本を入り口に、公共図書館の本、インターネットのホームページ、スーパーマーケットの売り場担当の人や、食品会社へのインタビューを行い食品添加物の安全性について調べていきました。

■調べていくとどんどん謎がふえてくる

調べていくうちに、食品添加物の危険性を指摘する本もあれば、同じ食品添加物についても問題ないとする本もあり、また、使用量によっては安全とする本などもあったりして判断が困難になってきました。どうやら、おとなにとっても意見の分かれる「灰色」の問題なのだということがわかってきたのです。

食品添加物の中でも、合成着色料などは、消費者の意識を変えていくことによってなくすことができそうだと見通しが持ててきたのですが、その他の食品添加物については事情が違うこともわかってきました。特に合成保存料について考えると問題は複雑になってきました。品物のもちがよくなるということは、消費者・生産者のそれぞれにメリットがある。しかし、調べてわかってきたように「体に害があるかもしれない」という灰色の危険性が依然として存在しています。

近代社会になって、農業中心の社会が工業中心の社会になり、都市に人が多く住むようになって食品加工の必要性が高まりました。都市に住む人々の生活は食品工業に支えられている度合いが非常に高いのです。食品添加物を使用することによって安価に、しかも大量に加工食品が流通するようになってきたわけです。

子どもたちにはそうやって実現された「便利」さが本当に私たちの生活を「豊か」にしているのか調べるほどわからなくなってきたのです。千尋さんは

「人間の命を守るために食べる食べ物が、危険かもしれないなん

て、そんなのは本当に『豊か』ではない」と言います。子どもたちは自分たちのくらし方が問題なのではないかと考えはじめ「どうすることがよいのか」そして「何かできることがないか」と求め始めていきました。

■追究しながら調べる力も磨かれていく

この追究の深まりは、子どもたちの調べる力の育ちに支えられています。学校図書館の本で基本的な知識を手に入れた子どもたちは、一般読者対象の本にも手を伸ばしていきます。知りたいという強い願いの力が、難しい本にも手を伸ばさせるのです。そしてそこでだけではわからないとなると、インターネットのホームページを調べたり、直接食品会社のお客様係に電話・手紙で問い合わせたりしていきました。

行動力があり、実感を大切にする康夫君は、スーパーマーケットの前でお客さんに食品添加物の危険性に関する懸念を説明しながらアンケートなども行いました。そうやって、人ごとでなく自分が深く関わって調べたことだからこそ、それぞれの価値観をゆさぶるように考え合い、話し合えたのだと思います。

子どもにとっての切実さは様々でしょう。もともと子どもが切実に考えている問題を取り上げて追究できればよいのでしょうが、そうとばかりはいかないでしょう。初めは教師から投げかけられた話題であっても、追究するうちに次第に切実になっていく場合もあり、それも重要だと考えます。

子どもたちの問題意識の発展と用いる情報リテラシーの技は共に深まり高まっていきます。図書館クイズのように、子どもにこのような情報リテラシーの技があると知らせ体験させるタイプのオリエンテーション的な学習も必要です。しかし、康夫君たちと展開した社会科の学習のように、子どもたちの問題意識をもとに学習の中で用いられると情報リテラシーの技は生きて働くものとして磨かれていきます。

■映画づくりと映画づくりの本

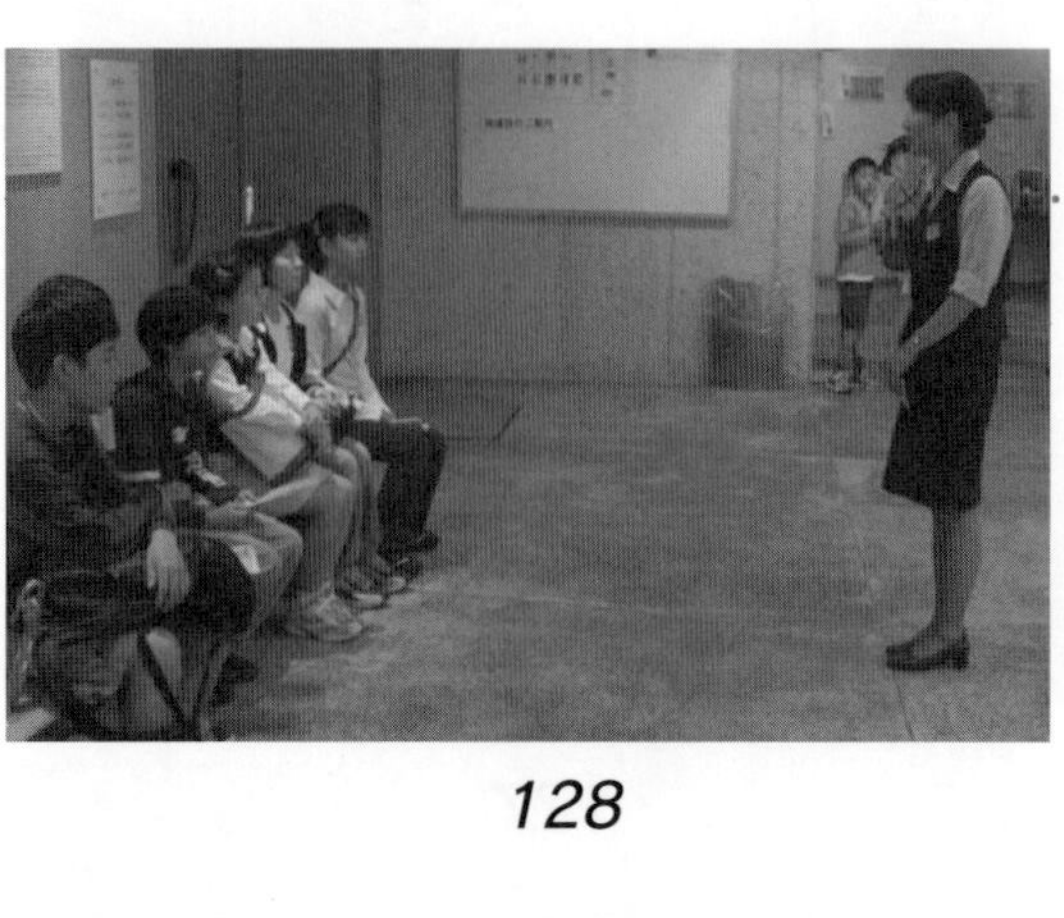

校外研究活動
（埼玉平和資料館・東松山市）

子どもたちの願いや求め、これこそが情報リテラシーの技を働かせる原動力であると考えているのですが、この力が強まると、我々おとなが思ったよりもすばらしい学習が展開されます。

この章の冒頭で紹介した「成功、上映会〜映画を作ろう〜」では、一般書である西村雄一郎著『一人でもできる映画の撮り方』[※14]という英一君の探してきた映画の撮り方の本をクラスの子ども全員で読み解いていきました。

三百五十ページからなる本を、一人一節相当を分担し、全員が担当部分を要約したレジュメを作ってクラス全員に配布して、それをもとに報告をして内容の理解を図りました。機材や撮影に関する専門用語が多く、国語辞典では歯が立たない言葉もあり、百科事典やインターネットに助けられ読み切ることができました。随分難しい本を読み切ったものです。

また、どうしても書籍では理解できないところがあったのですが、著者の西村氏が監修を行った「映像ミュージアム」[※15]という博物館があり、インターネットでその博物館のホームページを調べ

※14　洋泉社

※15　埼玉県草加市

てみると、本で紹介された様々な技法を体験できることがわかったので、子どもたちが計画を立てて見学に行きました。ここら辺の融通の利くところは私の勤務校ならではというところもあると思うのですが、子どもたちの行動力には驚かされます。

■卒業研究で自分らしい問題の解決を

このような集団での追究の中でも情報リテラシーの技は磨かれていくのですが、子どもたち個々の興味関心を追究する場での発展も見逃しがたいものがあります。

私は高学年を担任すると、六年生の半年から一年をかけて子どもたちと卒業研究に取り組むのですが、課題は子どもたち個々人が自らの興味にもとづき決定していきます。次ページのリストは真理さんの「日韓併合とチッソ水俣の関係」と題する卒業研究の参考にした本のリストです。

このリストを見ると、小六の子どもにしてはずいぶん難しいおとなの本に手を伸ばしたことがおわかりいただけるのではないか

〈真理さんの参考文献リストとレポートの書き出し部分〉

参考図書

☆「日本による朝鮮支配の40年」姜 在彦著　朝日新聞社（朝日文庫）　1992年
☆「絵で見る韓国の歴史」⑧李朝　3
　　⑨抗日闘争と解放　エムティ出版　1993年
☆ジュニア版「写真で見る日本の侵略」アジア民衆法廷準備委員会編
　　大月書店　1995年
☆「日本窒素肥料事業大観」　日本窒素肥料株式会社　1937年
☆「日本の企業家」（３）昭和編　有斐閣新書　1978年
☆「起業の人　野口 遵伝」柴村羊五著　有斐閣　1981年
☆「朝鮮における日窒コンツェルン」姜 在彦編　不二出版　1985年
☆「聞書水俣民衆史」五　植民地は天国だった
　　岡本達明・松崎次夫編　草風館　1990年
☆「沈黙と爆発」後藤孝典著　集英社　1995年
☆「戦後五〇年　その時日本は」第三巻　NHK取材班　NHK出版　1995年

～日韓併合とチッソと水俣病の関係～

真理

序説

（１）私がこの研究を始めようと思った動機というのは、５年生の水俣病の学習と６年生の近代史の学習でした。私は５年生のとき、水俣病に興味をもっていました。そして、６年生の近代史の学習が始まって、水俣病の原因をつくった「チッソ」という会社が、日韓併合に関係して大きくなったということがわかりました。そこで、日韓併合とチッソの関係について調べてみることにしました。けれど、それだけでは明らかにしたいことがはっきりしません。そのとき私は、もしかしたら、水俣病の発生にも日韓併合やそれによって大きくなったチッソが関係するかも……と思いました。そこで、卒業研究の題材は日韓併合とチッソと水俣病の関係にし、「チッソの朝鮮進出は水俣病発生の遠因だったのか？」について考えることにしました。

（２）今まで「チッソの朝鮮進出は水俣病発生の遠因だったのか？」という問題（研究）そのものについては、私の知っている限りでは（だから、研究されているかもしれません。）ちゃんと研究されたことがありません。（チッソ、日本の朝鮮進出、水俣病についてはそれぞれたくさんの研究がなされています。）日本の朝鮮進出については、

「日本による朝鮮支配の４０年」 姜 在彦　朝日文庫　１９９２年
「絵で見る韓国の歴史」⑧李朝　３　⑨抗日闘争と解放　エムティ出版　１９９３年
ジュニア版「写真で見る日本の侵略」 大月書店　１９９５年

などの資料を参考にしました。「日本による朝鮮支配の４０年」は、朝鮮と日本の古代からのつながりから始め、日本がどのようにして朝鮮を支配していったか、そして、在日朝鮮人の問題はどのようにして起きたのかなど詳しく書いてあります。「絵で見る韓国の歴史」は、韓国の子供向けの本を日本語に訳したもので、韓国の人から見た日本の侵略の様子がわかります。「写真で見る日本の侵略」には、たくさん写真がのっていて、そのころに日本や韓国の様子などがよくわかります。

チッソ、とくにチッソの朝鮮進出については、

「日本窒素肥料事業大観」　日本窒素肥料株式会社　１９３７年
「日本の企業家」（３）昭和編　有斐閣新書　１９７８年
「起業の人　野口 遵伝」　柴村羊五著　有斐閣　１９８１年
「朝鮮における日窒コンツェルン」 姜 在彦編　不二出版　１９８５年
「聞書水俣民衆史」五 植民地は天国だった　岡本達明・松崎次夫編　草風館　１９９０年

を主に参考にしました。「日本窒素肥料大観」には、写真が豊富で、昭和１２年（１９３７年）当時の窒素の朝鮮の工場の大きさが実感できます。「日本の企業家」と『起業の人　野口　遵伝』は、窒素の創業者の野口がどのようにしてチッソを大きくしていったかが書いてあります。「朝鮮における日窒コンツェルン」には、チッソの朝鮮進出と、チッソが朝鮮でどのようにして大きくなっていったか、また、そのとき朝鮮の人とどのような問題があったかなどについて書いてあります。「聞書水俣民衆史」五　植民地は天国だったは、朝鮮に行った水俣の窒素の従業員たちの証言集で、日本人が朝鮮でいかに優遇されていたのかがよくわかります。

第２次大戦後のチッソと水俣病については、

「沈黙と爆発」　後藤孝典著　集英社　１９９５年
「その時日本は」第３巻　NHK 取材班　NHK 出版　１９９５年

を参考にしました。「その時日本は」第３巻には、敗戦による朝鮮からの引き上げのことや、朝鮮からの引き上げ者を受け入れた水俣工場の様子、そして水俣病発生のことが書いてあります。「沈黙と爆発」は、水俣病の事件を通して、日本の近代化やその問題点について書いてあります。

さまざまな資料をみて、私は「日韓併合により新興の企業だった日本窒素は、朝鮮で総督府や軍部と結び付き、朝鮮の人からだますようにして土地を取り上げ、低賃金で朝鮮の人を牛や馬のように使い、巨大な企業へと成長した。しかし、日本の敗戦（１９４５年）で朝鮮にあった資産をすべて失った日本窒素は、朝鮮から引き上げてきた多くの社員をかかえ、もう一度戦前のようになりたいとあせり企業の利益のみを追及した結果、水俣病が発生した。」という仮説をたてました。この仮説を確かめるために、日本の開国から調べ始めることにしました。

第１章　　日本の朝鮮侵略と日韓併合

（１）日本の開国

１８５８年、日本は 日米修好通商条約を結びました。 この条約は、治外法権があり、日本には関税自主権が認められていなかったために、日本はまるで、植民地のようなものでした。

日本は、同じように条約をイギリス、フランス、ロシア、オランダとも結びまし

と思います。彼女のレポートの中身を読んでいくと、この本のリストが実際に彼女のレポートを展開されるために生きていることがわかります。もちろん真理さんは学級の中でも指折りの優れた追究者でありました。この卒業研究は自分の明らかにしたいことに向かわせると子どもはここまで追究し得るのだという一つの証拠ではないかと捉えています。

6 レファレンスツールの使い方指導を進める―事典・年鑑・図鑑

5で述べてきたような、切実性の高い問題解決場面で情報リテラシーを活用していくことを考えると、高学年でのレファレンスツールの利用は一層磨かれていかねばなりません。

これまで親しんできた図鑑も、異なる角度での利用が考えられます。低・中学年では、図鑑のグラフィカルなページが子どもたちの興味の主な対象でしたが、巻末等にまとめられている、一歩進んだ情報を読めるようになり、図鑑を入り口にして他の本や博物館等の施設に調べる対象を広げていけるような使い方が求められます。

また、辞典も同様で[※16]、中学年で導入された国語辞典や漢字辞典は、できれば机に常備され、日常的に利用できるようになっているとよいです。それには、教師が常に授業の中で辞書を引く示唆を与えたり、教師自身も示範や確認で国語辞典・漢字辞典を使ってみせることも必要です。そして、小学生用の国語辞典や漢字辞典に十分慣れた子どもには、おとな向けの国語辞典・漢字辞典も併用できるようにしていくことも必要です。

例えば小学生向けの国語辞典は、語彙もそれなりに選択されていますし、説明も小学生を意識した文章となっています。そこがよいのですが、興味関心の範囲が拡大していくと、語彙が足りなくなってきます。当分は併用ということになりますが。

高学年で力を発揮してくるのは事典類です。代表的なものは百科事典です。百科事典には、総合的な分野を扱う総合百科事典と、特定分野を扱う専門百科事典があり、また項目の配列の仕方も項

※16　最近よく使われるようになった辞典に電子辞書がある。何十冊もの辞書のデータをICチップ等に記憶させ、コンパクトな筐体になっている。紙媒体の辞典に慣れたおとなが利用するには便利だが、小学生の利用については注意が必要だ。

電子辞書は検索性には優れるが一覧性には弱い。子どもが辞書で、ある言葉を調べた際に、その言葉の周囲にある言葉も目に入ってくるわけだが、語彙を増やしていく時期の子どもにとってはこれが大きな意味をもつ。紙媒体の辞典を十分に使った上で電子辞書も利用させたい。

目を五十音順に配列するものと、分野別に配列するものがあり、それぞれの特徴があります。

五十音順のものは国語辞典と同様の引き方ができるので引きやすいですし、分野別のものは調べたい事柄に関連する事柄が近くに配列されているので、調べている事柄がその分野でどのように位置づけられていることなのか関連性等の周辺の情報を手に入れやすいところです。

例えば前出の『ポプラディア』[※17]は項目が五十音順に配列されているので、一冊でなく複数とはなりますが国語辞典と同様な使い方ができます。また、総合百科事典とは別に『二十一世紀子ども百科』[※18]のシリーズのように、『科学館』、『歴史館』と専門分野の百科事典もあります。

加えて高学年で利用する機会が出てくるレファレンスツールに年鑑の類があります。主に社会科の学習での利用となるでしょうか。これは、統計等の年ごとに変化する様々な情報を一年単位でまとめたもので、代表的なものは『朝日ジュニア百科年鑑』[※19]（『朝

※17　既出。八〇ページ参照。
※18　小学館
※19　朝日新聞社

日学習年鑑』として発行されていたもの）です。日本の各地や、世界に関する統計資料が豊富に掲載され、その統計資料の読み方（解釈）についても示されています。

またこれに類するものに『日本のすがた』[※20]の各年度版があります。これは一般向けに発行されている『日本国勢図会』のジュニア版で、日本に関する統計資料が子どもにわかりやすく編集されています。

この他にも、最近は新しい言葉や事項の解説を中心にした年鑑の一種とも言える『現代用語の基礎知識』[※21]、『知恵蔵』[※22]、『イミダス』[※23]等のような本が毎年刊行されています。これは百科事典には掲載されていないような新しい事柄について調べるのに便利です。なかでも『現代用語の基礎知識』は子ども向けに『現代用語の基礎知識学習版』をだしています。これら年鑑類は、必要な情報を探し出すために目次と索引が使えることが重要です。手にしたら、まず目次を見てどのような構成になっているか確認し、調べたい事柄のキーワードがわかっているのであれば、索引から探せばよいのです。

※20　矢野恒太郎記念会
※21　自由国民社
※22　朝日新聞社
※23　集英社

7 挿絵、図等から始める、多様なメディアを読みとる指導

さて、これまでは主にメディアは本を中心にしてきましたが、情報リテラシーを考える上ではそれだけでは不十分な時代が現代です。文字の他に、絵、図、写真、動画像、双方向性を持つデジタルメディアなどの多様なメディアを利用する機会があります。これらメディアの特色をふまえて読み取ることができる技を身につけさせたいものです。

ただ、多様なメディアを読みこなすための指導は、意外に身近なところにあるのです。国語の教科書を例にとりましょう。国語の教科書は文字だけで構成されているわけではありません。文学作品には、作品のイメージが喚起される挿絵がつけられており、説明文には、その文章の内容理解を助ける絵や写真、図などがつけられているでしょう。この絵や写真、図などはこれまでどう指導されてきたでしょうか。

文学作品などでは、挿絵があるためにかえってイメージが固定化されてしまい、よくない場合もありますが、説明文の時は、絵・写真・図・表も著者の意図を表現するための著作の重要な一部なのです。どうでしょうか、説明文の授業で絵・写真・図・表を本文理解に位置づけて指導してきたでしょうか。絵や写真は伝えたいものを実物に近い形で示し、理解を進めますし、図や表等は、表現したい概念や事柄等を直感的に理解できるようにしたものです。これらを本文理解に位置づけるには次の三点が重要です。

①　何を表したものか

②　挿入されている位置はどこか

③　作品の中でどのような役割を担っているか

例えばかつて光村図書の五年生の国語の教科書に掲載されていた「大陸は動く」と言う説明文があります。[※24] この説明文は「ここに、一枚の地図がある。」と言う書き出しではじまり、そのページ

※24　文・大竹政和／図・内藤貞夫　『光村ライブラリ16　田中正造　ほか』光村図書出版所収　二〇〇二年

には下半分を使って大西洋を中心とした世界地図が掲載されています（①）。これはウェゲナーが大陸移動説を思いついたエピソードを書いた文の下に挿入されています（②）。それはウェゲナーがアフリカ西海岸と南アメリカ東海岸がまるではめ絵パズルのように見事に重なり合うことから大陸移動説を思いついたということを、実際の地図を見て読者に納得してもらうために配置してあるのです（③）。

このような指導の重点が理解されていれば、写真や絵が重要な働きをする図鑑、図解が重要な働きをする工作などの本の指導も考えられるはずです。この考え方を発展させていけばインターネットのホームページの読み方も指導することができます。

8　ホームページ、デジタル資料の読み方

ホームページはハイパーリンクの扱い方がポイントになります。ハイパーリンクは論文などの註記にあたるものともいえそうです。

ホームページのある言葉や文（写真や図などにもリンクははれます）をクリックすると、また別の文や写真、図などにとんで表示がされるようになっています。普通の文章は、初めからはじまり、おわりまで一直線にストーリーが展開するのですが、ハイパーリンクのはられているハイパーテキストは、書き手の側で、一応は一直線にストーリーが用意されているのですが、読み手がハイパーリンクをクリックしてたどることによって、別の文脈を作りだし読み取る可能性を持っているのです。はっきり目的意識を持っていないと、次から次へとハイパーリンクをクリックしているうちに、いったい自分が何をしたくて読んでいたのかわからなくなってしまうことすら起こりうるのです。

　これは、かつてCD—ROMとよばれて流通した双方向性を持つプログラム、ホームページに組み込まれた双方向性を持ったア

〈World Wide Webとリンク〉

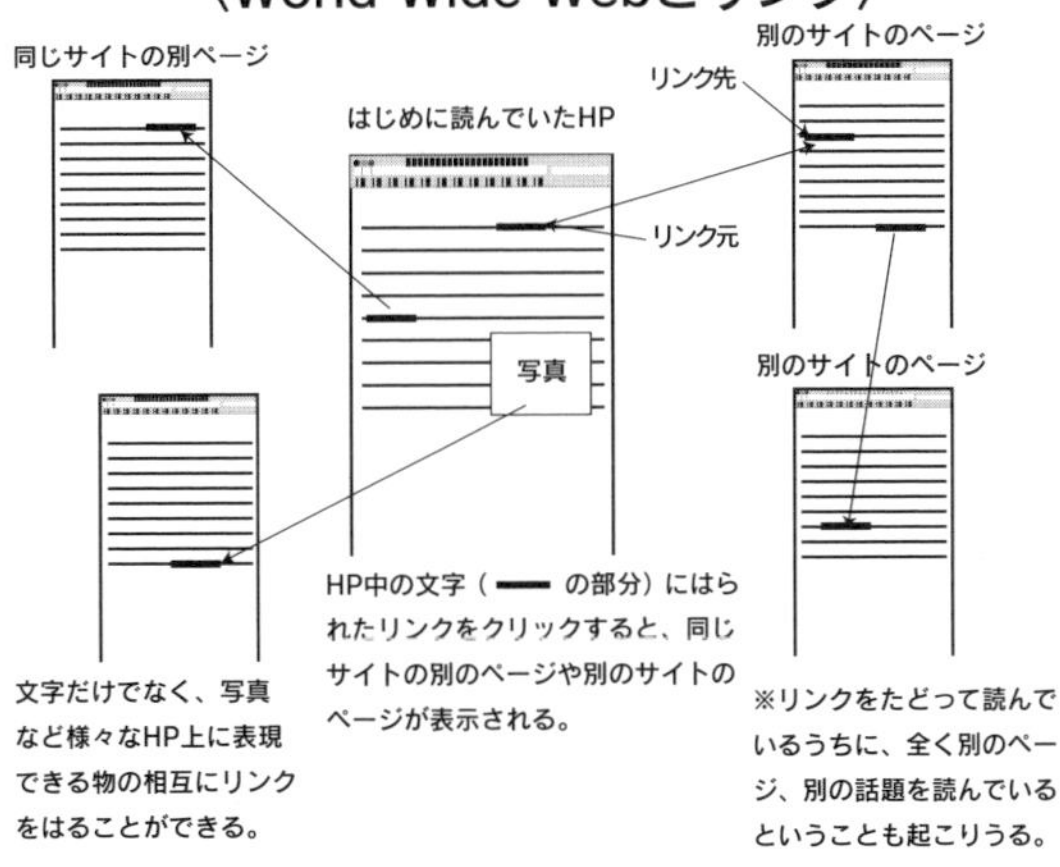

同じサイトの別ページ
はじめに読んでいたHP
別のサイトのページ
リンク先
リンク元
写真
別のサイトのページ
HP中の文字（ の部分）にはられたリンクをクリックすると、同じサイトの別のページや別のサイトのページが表示される。
文字だけでなく、写真など様々なHP上に表現できる物の相互にリンクをはることができる。
※リンクをたどって読んでいるうちに、全く別のページ、別の話題を読んでいるということも起こりうる。

ニメーションのＦＬＡＳＨ等[※25]にもいえることです。

９　新聞・テレビを読む

絵や図などを読み取る指導は、何も高学年でなくとも低中学年から行うことができますが、高学年ならではと考えると新聞の読み方は是非指導したいところです。最近はＮＩＥ[※26]の実践が広くなされるようになり、新聞社各社からも子ども向けに新聞の読み方に関する資料が作られています[※27]ので、それを利用されることを進めます。指導の重点は次の二点です。

①　新聞がどのように構成されているのか

②　一つの記事はどのように書かれているのか

①は、新聞は一面から始まり、ページによって政治、経済、社会、文化等内容にきまりがあることです。特に一面は重要で一番

※25　Adobe社（http://www.adobe.com/jp/）の開発している動画を扱う規格やそれを作るソフトウエアの名前。

※26 Newspaper in Education「教育に新聞を！」を合い言葉に教育活動の様々な場面で新聞を活用しようとするもの。既成の新聞を活用しようとする学習活動と子どもたちが新聞を作る学習活動がある。

※27　新聞の利用の方法については朝日新聞社がＮＩＥ関連のパンフレットを無料で提供している（ただし、申し込みは学校単位）。また、神奈川県横浜市にある日本新聞博物館のホームページ（http://www.pressnet.or.jp/newspark/）は、ＮＩＥ関連の情報のリンク集がある。

右上にある記事をトップ記事と言い、その日一番のニュースが掲載されています。

②では、新聞記事は、事実が正確に伝わるように5W1Hが網羅されていることや、後から重要な記事を掲載する必要が生じることがあるので、重要な事柄を先に書き、後に行くほど周辺の詳しい事情等が書かれるようになっていて、記事を必要に応じて短くできるようにしていること等です。

新聞記事は、やはり一般向けに書かれているので、小学生だと読み解くのはかなり難しいです。まずは大きな見出し・写真とそのキャプションを拾い読みしていくところから始めて、それをスクラップブックにはったりして（はったものに対してコメントをつけてみるというのもよいでしょう）、新聞になれていくと利用できるようになってきます。小学

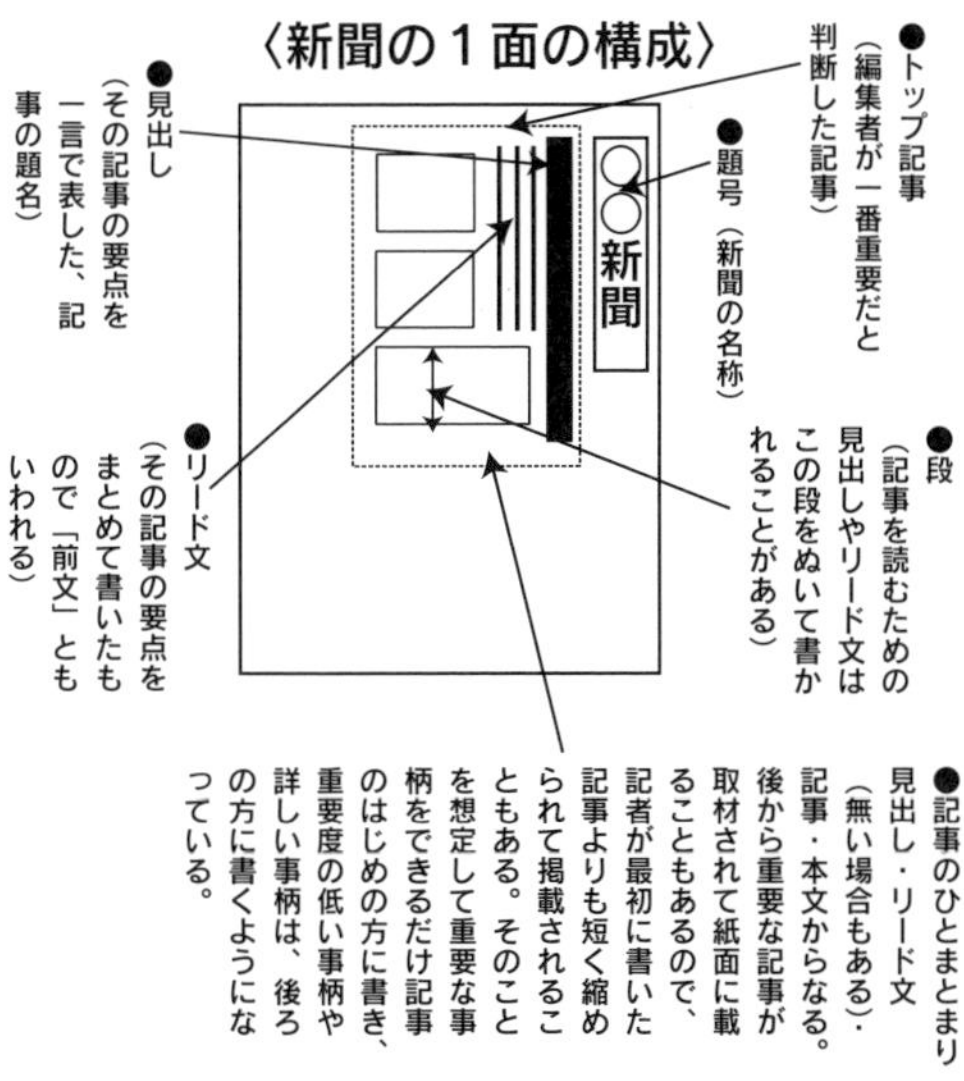

〈新聞の１面の構成〉
●トップ記事（編集者が一番重要だと判断した記事）
●題号（新聞の名称）
新聞
●見出し（その記事の要点を一言で表した、記事の題名）
●段（記事を読むための見出しやリード文はこの段をぬいて書かれることがある）
●リード文（その記事の要点をまとめて書いたもので「前文」ともいわれる）
●記事のひとまとまり　見出し・リード文（無い場合もある）・記事・本文からなる。後から重要な記事が取材されて紙面に載ることもあるので、記者が最初に書いた記事よりも短く縮められて掲載されることもある。そのことを想定して重要な事柄をできるだけ記事のはじめの方に書き、重要度の低い事柄や詳しい事柄は、後ろの方に書くようになっている。

生むけに制作されている小学生新聞を利用するのも効果的です。

新聞は、じっくり読むことができるのですが、同じニュースを伝えるものでもテレビは読み取り方が異なってきます。私は高学年にはＮＨＫの「週刊こどもニュース」[※28]の視聴をすすめています。テレビは、そのままでは情報が流れ去ってしまうので、読み取り方を指導するときは録画したものを用います。

まずは新聞同様、この番組の構成を調べます。現在は「世の中まとめて一週間」というこの一週間の重大なニュースを短く紹介するコーナーや、「今週の？・」というニュース解説のコーナー、「おまたせ！　ナットク定食」という最近のニュースを独自にレポートするコーナー、「今週のイチオシ」はその一週間で最も輝いた人物を紹介するコーナー（スポーツ関係が多い）があります。これらを、一つずつのコーナーを視聴した後に、どのようなことが伝えられていたのか、ワークシートにメモをとります。初めのうちは「もう一度見せてください」という声も多く出ますが、最初の一・二

※28　ＮＨＫ総合。ほぼ毎週土曜日、十八時十分より三十五分間（二〇〇七年一月現在）放映。

回程度にしておき、できるだけ一回の視聴でメモがとれるようにしていきます。子どもたちはワークシートの余白や裏などにニュースのキーワードをメモし—目は画面を見たままです—後で、メモを整理するようになっていきます。

また、テレビの番組はニュース番組も含めて、制作者の意図が伝わるように、音楽や映像を編集しているのだということも学習しておきます。例えば、「こどもニュース」の「世の中まとめて一週間」のコーナーでは、戦争などの悲惨なニュースを伝えるときは、重く悲しい感じのする音楽を映像の背景に流しています。また、「今週のイチオシ」で、スポーツ選手が活躍したシーンを紹介する時などは、テンポのよい音楽が背景に流れているのです。

新聞も同様ですが、ニュースも人の目で捉えられ、書かれ、表現されているわけですから、事実をそのままに伝えているようであっても、それは事実の一部をある意図で切り取ったものですし、制作した人々の意見が含まれています。それを、意識して読み取れるようにしていくことも大変重要です。

〈テレビ番組に関するワークシート〉

2004年度

週刊子どもニュース

月　　日放送分

世の中まとめて１週間

世の中まとめて１週間に出てきたニュースに見出しをつけて箇条書きにしよう。

今週のわからん

今週のわからんで取りあげたことがらに関するキーワードを書きぬこう。

疑問に思ったことは自分で調べて、ノートにまとめるといいですね。書けたらぜひ先生に見せてください。

（　）番 氏名（　　　　　　　）

アツアツなるほどんぶり

アツアツなるほどんぶりで取りあげたことがらに関するキーワード等を書きぬこう。

今週の週刊子どもニュースで取りあげられたことがらについて、一つ話題を決め（できれば要約し）、それについて自分の意見を書こう。

今日の放送を見て、質問したいと思ったことや疑問に思ったことを書こう。

新しい技術（ＩＣＴ）を使う
情報リテラシーを育てる

第7章　デジタルの情報リテラシーを育てる

1　インターネット、コンピュータを後回しにできない時代

1章、2章で述べたことの繰り返しになりますが、情報リテラシーの根幹は現実世界での身体性の高い体験です。しかし教育行政を中心に、コンピュータやインターネットをどう使うかが情報リテラシーの内容であると捉えている状況があります。確かにおとなの私たちが仕事をしていく上で、コンピュータの利用はもはや必須といえる状況です。コミュニケーションや問題解決のためにインターネットを利用することも当然です。

十年ほど前であれば、「小学生は現実世界での体験が重要です。

コンピュータは中学生になってからでも…」「インターネットには重要な情報はないから」と考えてもよいと思っていたのですが、状況は変わってきています。いまや家庭へのコンピュータ、インターネットの普及率が八割を超えているのです。

授業で話題になったことについて「先生、調べてきたよ」とネットのホームページをプリントアウトしたものを持ってくる子どもが多くなりました。調べている子どもの姿を見て家の方が手を貸してくれたのかもしれません。しかし、そのホームページに書いてあることが信頼性のある情報なのかどうかという吟味を経て、内容を理解した上で持ってくることはまれのようです。

たしかに、インターネット上の情報も情報公開のコストの安さ・手軽さから様々な機関がインターネット上に有益な情報を公開するようになってきています。印刷メディアにない速報性があるために、調べる内容によってはネットを利用しなければならないことまで出てきています。[※1] ネットは電子図書館として活用可能になりつつあります。

※1　グーグルアースというサービスでは、世界中のあらゆる場所の衛星写真を検索・表示できる。

基本的には現実世界での身体性の高い体験を優先して小学生の情報リテラシーを育てるべきだと考えているのですが、子どもを取り巻く現状がこれだけ変わってくると、インターネットやコンピュータをどう使うかは避けて通れぬ重要な問題となってきています。

私はこれらの指導の本格的開始時期は、言葉の力もある程度ついてきた中学年だと考えています。

2 指導の重点はデジタル表現の特質、検索リテラシー、情報モラル

学校によっては一年生からコンピュータの利用指導を始めているところがあるかと思います。

私の勤務校でも、低学年での利用指導を推奨しています。しかし、それは来るべき本格利用時期に備えて慣れておくといった意味合いで行っているので、年間数時間程度です。

普及率が八割を超えたとはいっても、二割近くはまだコンピュ

ータが無い家庭があるわけですから、そういう家庭の子どもへの配慮も必要で、コンピュータの入門的な利用法を学んでおくことも意味があります。

では中学年・高学年でのコンピュータの利用指導の重点はどこにあるのでしょうか。

私は次の三点ではないかと考えています。

①検索の指導を中心にインターネット利用の基礎を学ぶ。
②デジタル表現の特質を体験的に 理解する。
③情報モラルについて学ぶ。

■コンピュータ、ネットの情報リテラシーを育てる

インターネットを本や図書館のように利用するにはそれなりのリテラシーが要求されます。ホームページはＷＷＷ※2といって世界中にはりめぐらされたクモの巣状の膨大な電子データベースで、

※2　World Wide Web。インターネットで情報を共有するためのシステムの一つ。通常「リンク」が設定されていて異なる場所にある文書をすぐに呼び出すことができる。

それらの中から必要な情報を取り出すためには高度な検索のリテラシーが必要とされるのです。

図鑑の指導では目次と索引が使えるようになることが必要でしたが、目次や索引、図書館の分類に類するものが、インターネットではリンク集、パスファインダー[※3]、検索エンジン[※4]とよばれるものです。家庭では著名な検索エンジンを利用して何となくキーワードを打ち込んで、検索の上位に上がってきた数ページを見て調べているというところが多いようです。

そこには

①どのようなキーワードを選定するべきか
②検索エンジンがどのようにしてホームページを選んでいるのか
③見つけたホームページの信頼性の確認はどのようにして行うのか
④見つけたホームページをどう読んでいったらよいのか

※3　既出。二三ページ参照。
※4　サーチエンジンともいう。インターネット上のウェブページを探し出すためのシステム。そのため、ウェブページの情報がデータベース化されている。

という問題が欠けています。そういった点が指導されていないとホームページをうまく利用できないのです。

これらの問題を乗り越えていくために、教師が推奨するホームページをリスト化したリンク集やパスファインダーを作成して、子どもはそれらの中から調べてみようと思えるホームページを選択しながらホームページの読み方を学んでいき、ある程度それができるようになった後に検索エンジンの利用法を学んでいくべきです。

リンク集やパスファインダーを利用しての検索指導は単元別や主題別目録を利用して図書を探すことと対比的に指導していく必要があります。また、検索エンジンの利用指導では、例えば図書を探す際に件名索引のキーワードを選んでいく指導と対比的に指導していく必要があります。ホームページの絞り込みの指導をしていく際は集合の考え方（論理積や論理和等）※5も必要になってきます。

これらの指導はコンピュータを前にして初めて行うのではなく、学校図書館を含む非コンピュータ教室で具体物を利用しながら対比的に指導していくことが重要なのです。

理論和　理論積

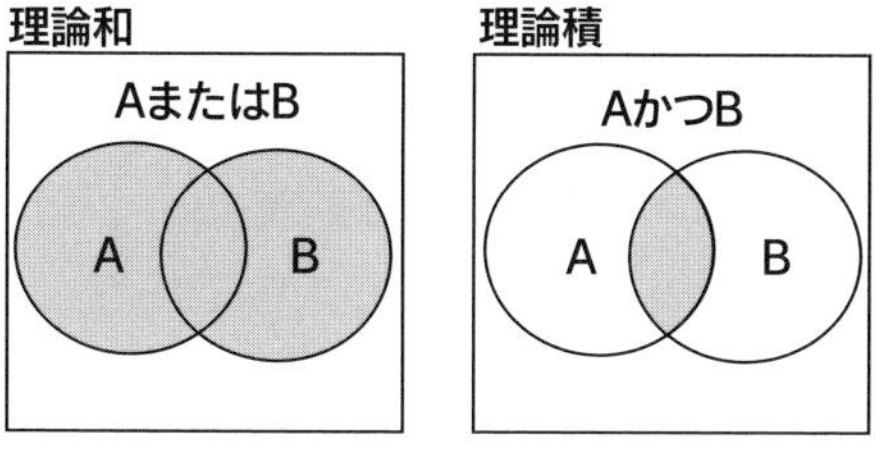

※５　集合の考え方で論理積はAかつBで表される部分を示す。論理和はAまたはBの部分（いずれも左図参照）。検索の場合、論理積はＡＮＤ、論理和はＯＲで入力し、絞り込みをかけられる。

〈図書検索とインターネット検索の指導〉

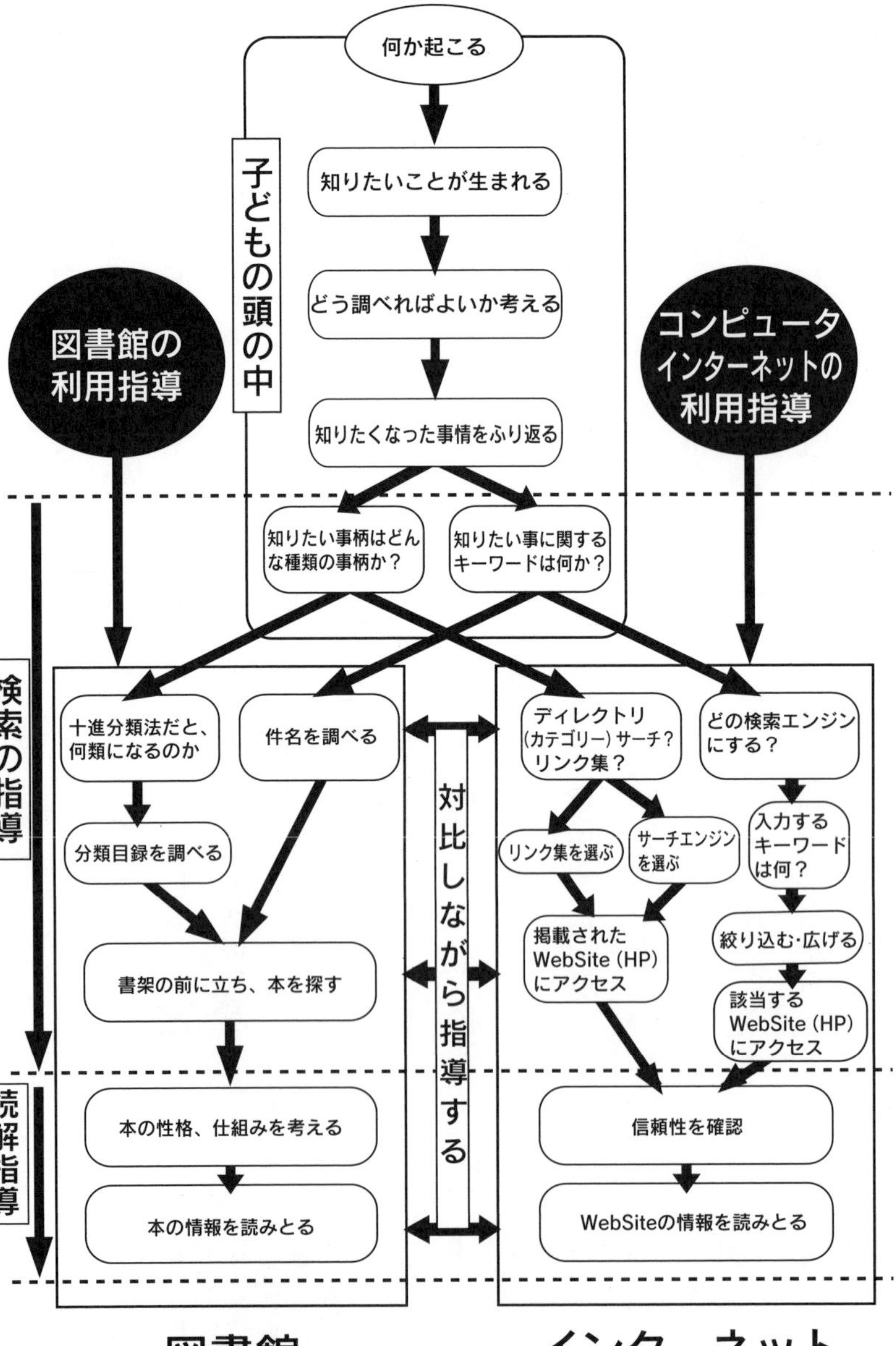
何か起こる
子どもの頭の中
知りたいことが生まれる
どう調べればよいか考える
知りたくなった事情をふり返る
図書館の利用指導
コンピュータ インターネットの利用指導
知りたい事柄はどんな種類の事柄か？
知りたい事に関するキーワードは何か？
検索の指導
十進分類法だと、何類になるのか
件名を調べる
分類目録を調べる
書架の前に立ち、本を探す
対比しながら指導する
ディレクトリ（カテゴリー）サーチ？リンク集？
どの検索エンジンにする？
リンク集を選ぶ
サーチエンジンを選ぶ
入力するキーワードは何？
掲載されたWebSite（HP）にアクセス
絞り込む・広げる
該当するWebSite（HP）にアクセス
読解指導
本の性格、仕組みを考える
本の情報を読みとる
信頼性を確認
WebSiteの情報を読みとる
図書館
インターネット

■デジタル表現の特質とは

ホームページで得られる情報は、情報をデジタルを利用して表現したものです。ですからこのデジタル表現の特質も理解できていないとうまく利用できません。例えば同じテキストでも紙などのメディアの記録された情報とネットで読めるものとは違いが存在します。紙メディア上の情報は一覧性が高く携帯性に富み、不揮発情報（その場で発信されて消えてしまうようなものではない）です。ところがネット上のデジタル表現されたテキストはそれとは性質が異なります。その上ホームページで見られるテキストはハイパーテキスト※6とよばれる構造をもったテキストで、はじめから順次読んでいくリニアなテキストではありません。

単語等にリンクがはられており、そのリンクをクリックすることによって別の文脈に突如移ることが可能です。そういったテキ

※6　既出。一二三ページ参照。

ストをどう読んでいくのかという指導も必要です。そしてホームページは静止画や動画、音楽や音声などテキスト以外のメディアを統合して表現作品をつくっていることが多いのですが、それらを読み解く技も学んでいかねばなりません。

　これらのデジタル表現の特質は実際に自分でデジタル作品を作ることによってより本質的に学ぶことができますが、ついついコンピュータやソフトウエアの操作方法のみの指導に終始する授業をよく目にします。

　指導者の教師がデジタル表現の特質を子どもに学ばせようという視点があれば比較的容易に克服できる問題かと思われます。ただ、今後丁寧に検討されるべきは、例えば作文用紙を使って行う作文指導と、コンピュータのワープロソフトやアウトラインプロセッサ[※7]を利用して行う作文指導の違い[※8]のようなことです。似た活動をさせているようですが実は大きな違いがあるのです。

※7　文書や発表用の資料構成案を作る機能を中心にしたコンピュータ用ソフト。

※8　この問題については、今後重要な問題となっていくことが予想される。別の機会に展開したい。

3　情報モラルを育てる

最後に、ネットで自分の安全を確保し、他人を傷つけずに調査活動やコミュニケーションを行っていくにはネット社会のルールやモラル・マナーを学ぶことが必要です。

ここで重要となるのは個人情報・プライバシーの保護・管理と知的財産権に関する理解・尊重に関することです。おとなと同等に扱われるネット社会だけに行動範囲に合わせ、しっかりリスクマネジメントをしていかねばなりません。

ただ現段階での情報モラル教育の重点は小学校ではシンプルに考えてよいと思います。重要なことは次の三つです。

①　自己の保全に関すること（いわゆるセキュリティー）
②　著作権等のルールに関すること
③　モラル・マナーに関すること

①ですが、まずは、コンピュータやネットを安全に使えなくてはなりません。最近はホームページを利用した個人情報の詐取、

ワンクリック詐欺などの被害等の報道が絶えません。また、その個人情報をもとに子どもを連れだして、危害を加える事件も起きています。コンピュータやネットのホームページに簡単に個人情報を入力しないことを原則にしつつ、よく起こる犯罪被害について知らせていくことが必要です。

②は重要な問題をはらんでいます。CDに録音された音楽などのデジタル化された著作物は、容易にコピーでき、大量の劣化しない複製が可能ですし、ネットを使えば、広範かつ無制限に頒布することが可能です。頒布などという言葉を使ってしまいましたが、これは著作者らの財産を盗み、勝手に売りさばくことと同じ行為なのです。たとえ代価を受け取らずとも、経済的な損害を与えたことには違いありません。報道でも、中学生がコンピュータのソフトウエ

〈著作権とは〉

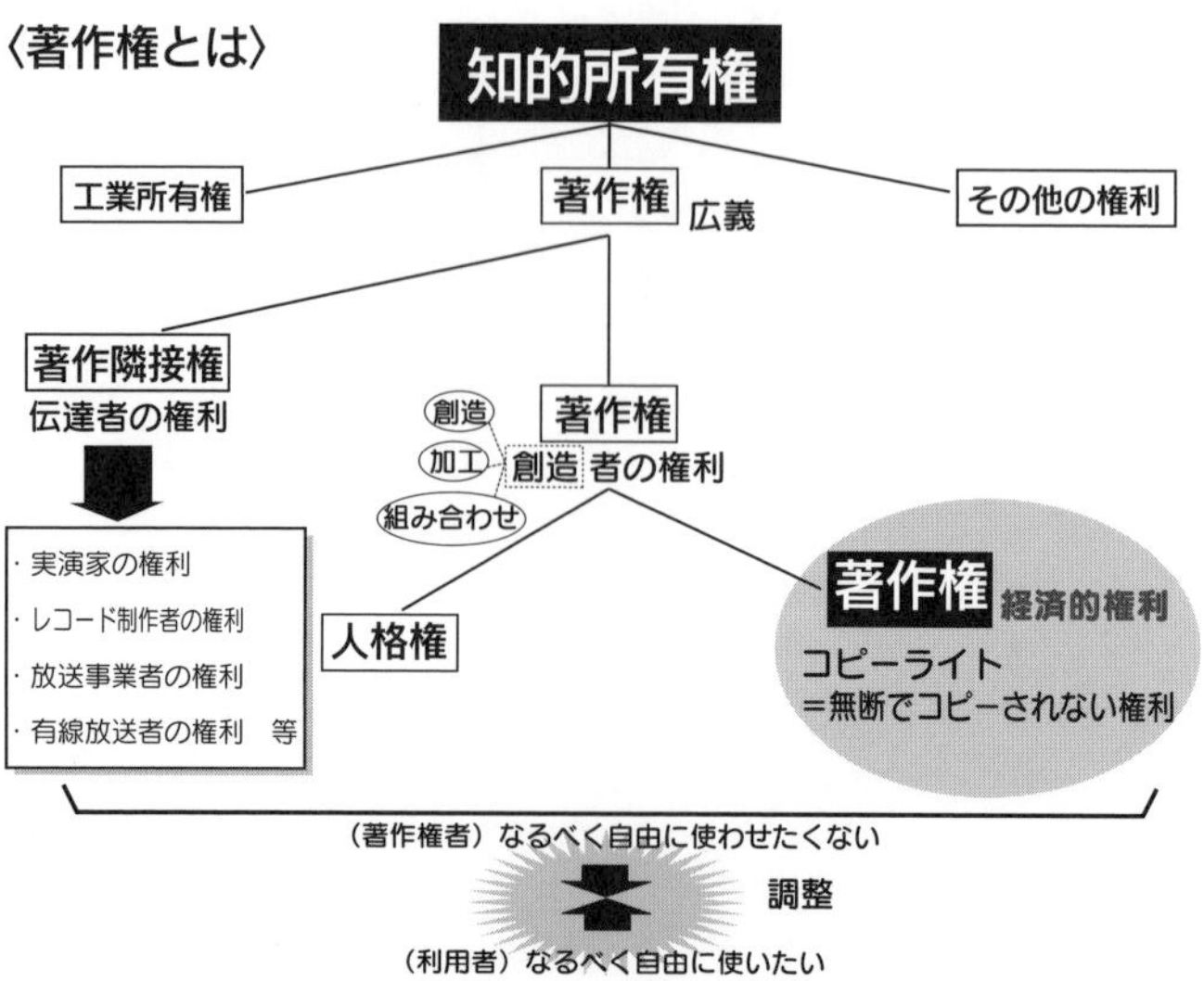

アを違法に複製して販売して逮捕されたなどというニュースが聞かれます。コンピュータやネットワークはおとな同様の力を子どもに与えてしまうので、力に見合ったルールに関する知識とルール遵守の態度を育てなければなりません。ルールと言えば、著作権だけでなく、プライバシーや、肖像権等も守らねばなりません。

③はルールではありませんが、コンピュータやネットワークを利用する上での態度やマナーの問題です。これに関する指導の要点は、コンピュータやネットを介しているとはいっても、相手は生身の人間で、生身の人間に対面しているように考え、振る舞うよう教えることです。[※9]

相手を目の前にして悪口を言えば、相手の顔色も変わり、感情を害していることがはっきりわかり、次の行動をどう起こすべきか考えることができますが、コンピュータやネットを介してだと、直接対面する雰囲気や勢いがありませんし、まして掲示板やメールなどの文字だけのコミュニケーションとなると、相手の気持ちや反応などお構いなしに、自分の思いだけをたたきつけてしまう

※9　二〇〇四年に長崎県で起きた小学生女子児童による同級生の殺人事件を忘れてはならないと考える。この事件のきっかけとなっているのが、ホームページや掲示板をめぐる問題だった。これについては拙稿「ニュースについて語る～社会の変化に向き合う学級指導」（『「いのち」の実感を深める全教育活動―生命尊重の心をはぐくむ　高学年』東洋館出版社　二〇〇五年）を参照。

ことも起こり得ます。そしてその影響力たるや、悪口の比ではありません。デジタル情報になったメールは複製は容易で、様々なところへ広げられます。メールには同報機能[※10]がありますから、それを使えば信じられないぐらい広範に悪口が広がります。[※11]一時の感情の高ぶりで悪口を言ってしまったが、反省しているなどと言っても取り返しのつかない状況になってしまうのです。これまた力に見合った自制心や想像力、道徳性を身につけさせなければなりません。

これら三つは、実はコンピュータやネットワークのないところでの指導が重要な分野でもあります。他人の権利や気持ちを考え、妥当な振る舞いをするというのは、社会生活を営む上で、極めて当然なことなのです。ごく普通の感覚さえもっていれば、コンピュータやネットワークは本などと同様に私たちに大きな力を与えてくれる便利な道具になるのです。

※10　一通の電子メールを同時に複数の宛先に送信する機能。メールのＣＣ（Carbon Copy）やＢＣＣ(Blind Carbon Copy)の機能を利用して行うことが通例。

※11　現在、メールによる誹謗中傷が、中・高校の生活指導上の大きな問題としてある。特定の生徒の悪口を、メールで、それも同報機能を使用して多くの友人に送りつけ、そのメールを転送することでさらに多くの人に送り、悪口が異常な速度で異常に広範囲に広がっていく。この問題は、すでに小学生にも及んでいる。

情報リテラシーを自らのものとするために

最終章　情報リテラシー育成で最も大切なこと

1　情報リテラシー育成の上で最も大切なことは何か

■悠君の「はなげ」の研究

悠君は小一から担任している子です。生き物に興味を持っていますが、追究や表現はわりとあっさりとした子どもでした。

私のクラスでは毎日の出来事から一つのエピソードを選んで先生に伝えてもらう生活作文に取り組んでいます。「せんせいあのね」というものです。低学年の教室では比較的ポピュラーに取り組まれているものではないでしょうか。悠君の「あのね」は、最初に紹介する作文のように短めで淡々としたものでした。ところが小一の二月に転機が訪れました。以下彼の作文を紹介します。

はなげ

さいきん、おふろに入ったときかおだけにつめたい水をかける。おふろがあついから、水がきもちがいい。そしてはっけんしたことがある。かおにおゆを、こうたいでかけてたら、なんとはなげがのびてきた。三日つづけてやったらのびてきた。かおにしげきをあたえたからではないか。けんきゅうはつづくのだ。

これに対して私は「えー。鼻毛を育てる方法を見つけたの？　続きを待ってるよ」と返事を書きました。この時はまだ、彼の疑問が発展するかどうかはわからないととらえていました。しかし最後の「つづくのだ」に彼の意欲を感じ取り、翌日教室で誰が書いたのかは内緒にして紹介しました。

教室はこの「はなげ」作文でわき返りました。目のつけ所がおもしろいのです。誰もが思いつきそうですが、誰もが書けるものではないのです。作者が覆面というのもよかったようです。子どもたちの中からは「はやく『はなげ2』が聞きたい！」という声も多く上がりました。ちょうどその頃、学校に用があっていらっしゃった悠君のお母さんにお会いした時に、彼の「はなげ研究」のユニークさを話して、一緒に楽しんで話題にしてくださいとお願いしておきました。

この後、悠君はこのあと、鼻毛の実験を続けながら、辞書を引き、本をさがして、鼻毛のはたらきを調べたりして、この研究は五回にわたって書かれます。

毎回子どもたちの前で読み上げられ、最終回には悠君が作者であったことも明かされます。この過程で悠君の作文の文章量は増え、自分の疑問に応じて、実験したり本を読んで調べて書くという、彼の作文のスタイルも定

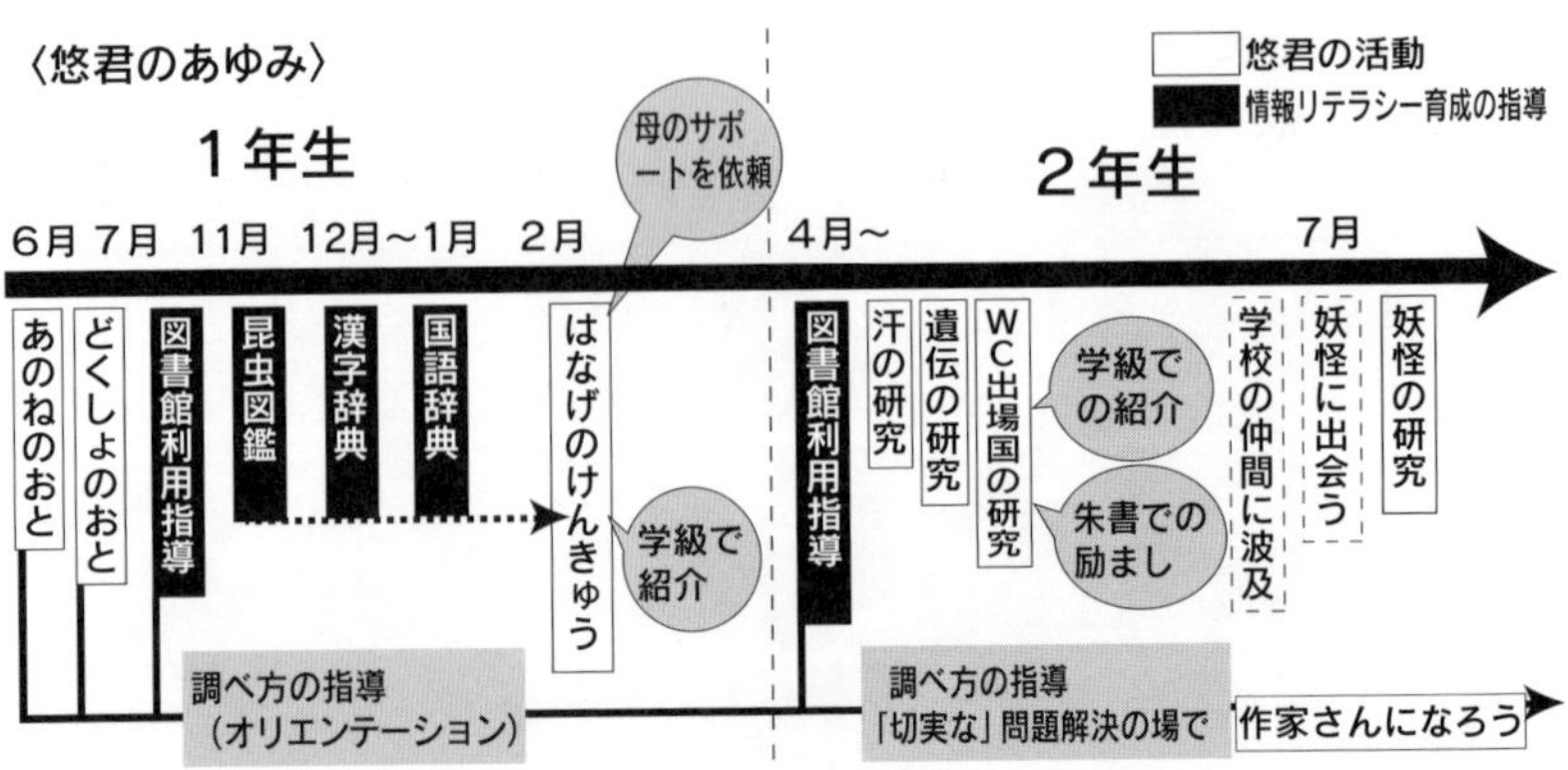

着していきました。

その後、汗の研究、遺伝の研究、ワールドカップ出場国の研究と続き、現在も彼の研究作文は継続しています。そして様々な本を探してきては読み（本を探すこともずいぶん上手になりました）、表現する際には、なぜ自分がこの事柄を知りたいと思ったのか、知りたいことについて調べたこと、調べた結果から考えたり新たに疑問に思ったこと、そしてそれらをふり返ったまとめ等も書くようになり、研究の作文を書くために必要な技をどんどん自分のものにしてきたのでした。

また、悠君の作文は周囲の子どもたちにも影響を与え、「○○のけんきゅう」というように、追究し表現する子どもが増えてきています。

■情報リテラシーを駆使しようとする意欲＝力こそが重要

悠君は、鼻毛の研究をきっかけに、自らの興味を追究し様々な情報リテラシーの技も身につけてきました。それは小二の現在も継続していて、衰える気配を感じさせません。

もちろん彼の追究の状況に応じて追究を助ける技が身につくように「図で表してみたら?」とか、「他にも本があるから『とんぼ』をキーワードにメディアルームで吉岡先生に相談してごらん」等と助言しています。彼は「なるほど」と思うとこれらの助言に応えて、新たな情報リテラシーの技を身につけていくわけです。

私はこれまでの経験から、一斉で指導する授業の場だけでは、子どもは自ら追究し続ける存在とはなり難いと感じています。

くらしの中に垣間見られるその子どもの興味・関心にも目を配り、支え、授業に触発されて授業と授業の間に子どもが自ら動き出すきっかけをとらえて励まし支えていくべきだと考えています。

情報リテラシーの技に焦点をあてて言えば、たしかにどこかで技の存在を知ったり、こんなふうにすれば身につくのだということを一斉授業の場等で経験しておくことは重要です。知らない技を使おうと思ったり身につけたりすることは困難だからです。学校図書館のオリエンテーションや図書館クイズの授業等は、技があることを教える場にあたります。

しかし、子どもがそれらの技を自分にとって有用な技だととらえ、使いたいと感じ、常に使えるよう、自らしていかなければ情報リテラシーの技は本当に自分のものとはなりません。ですから、この技を使いたいと思う場面に出会わせ、支えていかねばならないのです。そのような場面は、願いをかなえたい、疑問を解決したいという**意欲＝力**に突き動かされ、必要な技を探している場面です。この意欲＝力が情報リテラシーの技を駆使するための原動力となり、この力を育てることこそが重要なのです。

教育の現場では情報リテラシーの技を教えることは断片的に取り組まれていますが、情報リテラシーの力を育てることが後回しになったり形式的にされがちです。ですから最後に、情報リテラシーを駆使しようとする意欲＝力こそが重要なのだということを強調しておきます。

■意欲＝力をどう育てるか

意欲を持って問題解決に挑もうとする場面に子どもが遭遇した時にこそ教師の情報リテラシーに関する技の指導が生きてきます。自ら必要としてる場面であれば、よりよく、そして私たちが想像する以上に高度なことまで学べるものです。

では、そのような場面に立ち会うためにはどうしたらよいでしょうか。

答えは「**常に子どものそばに在れ**」です。その子どもが、今、何に興味を持っているのか、どんな疑問を持っているのかを知ろうとし、その手だてを講ずるべきです。よく子どもと話し、言葉を聞き、書いたものを読み、記録しながらその子どもの意欲が引き出される瞬間[※1]をうかがうことが重要ではないでしょうか。

悠君の例は生活作文でしたが、五年生の社会科の農業の学習で知った環境問題から、夏休みに自分でできる排気ガスが植物に与える影響に関する実験を探して自由研究を始め、それを学級のホ

※1　この瞬間をとらえるためには、日頃から子どもに関する記録をつけておくことが重要となる。「社会科の初志をつらぬく会（http://homepage2.nifty.com/shoshi/）」が提唱しているカルテと座席表による子ども理解の方法と考え方に注目していただきたい。

ームページで公開した雄二君は、それをきっかけに追究を深め、本を調べたり、自動車会社の設計士の方とも交流しながら、車と社会の問題を卒業までの二年間追究し続けていきました。

雄二君の場合は、彼の自由研究をもとにした対話から追究が広がりや深まりを見せていきました。彼の研究は学級の多くの仲間に影響を与え、インターネットを通じての交流も生まれました。

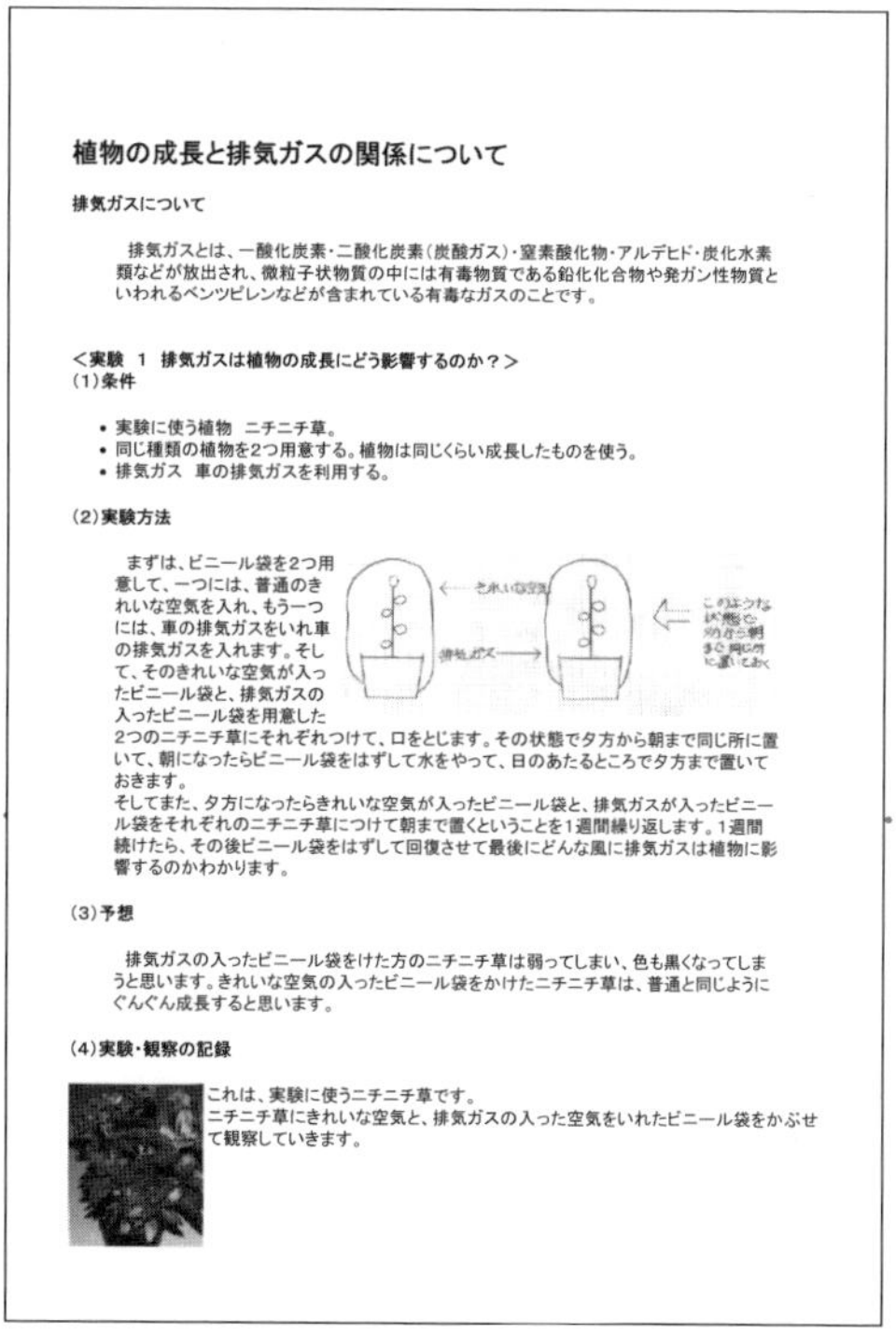

植物の成長と排気ガスの関係について

排気ガスについて

排気ガスとは、一酸化炭素・二酸化炭素（炭酸ガス）・窒素酸化物・アルデヒド・炭化水素類などが放出され、微粒子状物質の中には有毒物質である鉛化化合物や発ガン性物質といわれるベンツピレンなどが含まれている有毒なガスのことです。

<実験　1　排気ガスは植物の成長にどう影響するのか？>
(1)条件

- 実験に使う植物　ニチニチ草。
- 同じ種類の植物を2つ用意する。植物は同じくらい成長したものを使う。
- 排気ガス　車の排気ガスを利用する。

(2)実験方法

まずは、ビニール袋を2つ用意して、一つには、普通のきれいな空気を入れ、もう一つには、車の排気ガスをいれ車の排気ガスを入れます。そして、そのきれいな空気が入ったビニール袋と、排気ガスの入ったビニール袋を用意した2つのニチニチ草にそれぞれつけて、口をとじます。その状態で夕方から朝まで同じ所に置いて、朝になったらビニール袋をはずして水をやって、日のあたるところで夕方まで置いておきます。
そしてまた、夕方になったらきれいな空気が入ったビニール袋と、排気ガスが入ったビニール袋をそれぞれのニチニチ草につけて朝まで置くということを1週間繰り返します。1週間続けたら、その後ビニール袋をはずして回復させて最後にどんな風に排気ガスは植物に影響するのかわかります。

(3)予想

排気ガスの入ったビニール袋をけた方のニチニチ草は弱ってしまい、色も黒くなってしまうと思います。きれいな空気の入ったビニール袋をかけたニチニチ草は、普通と同じようにぐんぐん成長すると思います。

(4)実験・観察の記録

これは、実験に使うニチニチ草です。
ニチニチ草にきれいな空気と、排気ガスの入った空気をいれたビニール袋をかぶせて観察していきます。

HPで公開された卒業研究

２　二段構えで子どもを育てる

これまで、お示ししてきた情報リテラシーの育成は

① 教師が意図的に計画したオリエンテーション的指導
② 子どもが問題解決の場で用いる時に再び、新たに行う指導

この二つを組み合わせて行ってきました。このどちらもが重要なのです。

例えば国語辞典の使い方を例にとれば、国語の時間などで、一通りの国語辞典の使い方の指導はしておきます。国語辞典というものの存在を知らせ、簡単な使い方がわかっていなければ、何かわからなくて困った時に「国語辞典を使えばいい！」と思いつけません。しばらくして引き方を忘れてしまったとしても無駄ではないのです。ただ、言葉を調べたいその時が来て、使い方がわからなくて困っている時には「前に教えたでしょう！」等といわずに「国語辞典はどうやって使ったかな？　ちょっと思い出しながらやってみようか」等と優しく声をかけてあげたいものです。子どもが必要としている時に学んだことは、求める力に後押しされて身につくものです。二段構えで足りなければ三段でも四段でも、

じっくりと構えていきたいものです。

3 忘れてはならない読書の習慣

そして最後に頼りになるのが読書の習慣です。

ここまではあまり、触れられませんでしたが、楽しい物語を読むのも、知りたいことを本で調べて読むのも、同じ文章を通じた読み取る行為には変わりないのです。

よく調べ、考え、表現できる子は、読書もその子の重要な楽しみとなり、身についている場合がほとんどです。

コンピュータやインターネットを巧みに使い、調べたりコミュニケーションするにも、現時点では文字の利用、言語の力が大きな意味を持ちます。

読書の習慣が身につくように工夫することは、

そうつらいことではないように思います。子どもが本来好きな物語を生活の周辺に常におくようにすればよいのです。自力で読むことが難しいのであれば、根気強く読んであげればいいのです。読書の習慣をつけるためだと考えると肩に力が入りすぎるかもしれません。

私の担任した子どもの保護者の方にすてきなお母さんがいらっしゃって、子どもにこういったそうです。

「私が大好きな本をあなたに読んであげられるなんて、なんて幸せなことなのでしょう」

私はこのお母さんの構えに学びたいと思っています。自分自身も読書を大切に思ってここまできました。だから子どもたちにもあわてずに読み聞かせや本の紹介を通じて読書の習慣が身につくよう働きかけたいと思います。

子どもたちはお話の世界や様々な世界を楽しみながら、読書を生涯の友としてくれると信じて。

【参考文献一覧】
●今、子どもにそだてたい情報リテラシー
・慶應義塾大学日吉メディアセンター編『情報リテラシー入門』慶應義塾大学出版会　二〇〇二年五月
・山内祐平『デジタル社会のリテラシー──「学びのコミュニティ」をデザインする──』岩波書店　二〇〇三年四月
・デビッド・バッキンガム著／鈴木みどり監訳『メディア・リテラシー教育　学びと現代文化』世界思想社　二〇〇六年十二月

●情報リテラシーを育てる指導の実際
・深谷圭助『小学校1年で国語辞典を使えるようにする30の方法』明治図書　一九九八年四月
・井上尚美・中村敦雄編『メディア・リテラシーを育てる国語の授業』明治図書　二〇〇一年十一月
・アメリカ公教育ネットワーク編・アメリカスクールライブラリアン協会著／足立正治・中村百合子訳『インフォメーション・パワーが教育を変える！──学校図書館の再生から始まる学校改革』高陵社　二〇〇三年六月
・山形県鶴岡市立朝暘第一小学校編著・高鷲忠美解説『学校図書館活用ハンドブック　こうすれば子どもが育つ学校が変わる』国土社　二〇〇三年十月
・松山雅子編著『自己認識としてのメディア・リテラシー　文化的アプローチによる国語科メディア学習プログラムの開発』教育出版　二〇〇五年五月
・山形県鶴岡市立朝暘第一小学校編著・高鷲忠美解説『学校図書館活用ハンドブックⅡ　みつける　つかむ　つたえあう』国土社　二〇〇六年四月
・高鷲志子『子どもと本の架け橋に　児童図書館にできること』角川学芸出版　二〇〇六年十月
・五十嵐　絹子『夢を追い続けた学校司書の四〇年──図書館活用教育の可能性にいどむ』国土社　二〇〇六年七月

●新しい技術（ＩＣＴ）を使う情報リテラシーを育てる
・佐伯胖・佐藤学・苅宿俊文『教室にやってきた未来』ＮＨＫ出版　一九九三年四月
・佐伯胖『新・コンピュータと教育』岩波書店　一九九七年五月
・三宅なほみ『インターネットの子どもたち』岩波書店　一九九七年七月
・佐伯胖・苅宿俊文『インターネット学習をどう支援するか』岩波書店　二〇〇〇年十二月
・堀田龍也『メディアとのつきあい方学習』ジャストシステム　二〇〇四年
・野間俊彦『Ｑ＆Ａで語る情報モラル教育の基礎基本──知らないところで進んでいるネットの危険』明治図書　二〇〇五年七月

●情報リテラシーを自らのものとするために
・星野恵美子『カルテ・座席表で子どもが見えてくる』明治図書　一九九五年六月
・スティーブン・クラッシェン著／長倉美恵子・黒沢 浩・塚原 博訳『読書はパワー』金の星社　一九九六年四月
・脇明子『読む力は生きる力』岩波書店　二〇〇五年一月

おわりに――――

我々おとなは、子どもたちの声を聞くよりも、こうあってほしいと思うことや教えたいことを、子どもの実際の姿をよく見ずに押しつけがちです。真に情報リテラシーを身につけてほしいと願うのであれば、情報リテラシーの技に出会えるオリエンテーション的な授業をカリキュラムに仕込んでいくと共に、子どもの姿をしっかり捉え、その子にとって切実性のある場で技が身につくよう支えることが重要ではないでしょうか。

子どもに寄り添って見ていこうとしていくと、子どもたちは力強く、その日常が出会いにあふれ、魅惑的な謎に満ち、実にドラマチックであることがわかります。私はそのドラマの一場面に、子どもが願いをかなえ問題解決していく手助けをする名脇役として出演したいものだと思っています。教室と学校図書館をつなげ、子どもが情報リテラシーを駆使できるよう手助けしていくことによってです。

この本が生まれるきっかけもドラマチックなものでした。メディアの利用には関心のあったものの、社会科・総合学習・生活科の授業改善に関心を持っていた私が、東京学芸大学のとある会議室で、図書館学教室の高鷲忠美先生にお会いしなければ、この本は生まれなかったでしょう。当時学校図書館の整備担当者だった私に、目標とすべき学校の姿―本書で何度も登場した朝暘第一小学校―を示して下さり、視察に誘ってくださいました。この視察が学校司書の吉岡裕子さん―実践の心強いパートナーです―と連携を密にして実践に取り組んでいく大きな契機となりました。

高鷲先生ご夫妻、吉岡先生、東京学芸大学附属世田谷小学校の同僚、附属学校図書館連絡会の皆さんに心から感謝を申し上げたいと思います。

また連載の機会を与えて下さり、書籍化の編集の労をとって下さった少年写真新聞社の藤田千聡さんに感謝を申し上げたいと思います。忙にかまけて作業の進まぬ私にウィットに富んだ暖かい励ましと示唆を下さいました。

最後に「こんなことまでできるの！」といつも私を驚かせてくれた、元気で陽気でやる気に満ちた私の学級の子どもたち、教育実践研究にのめり込む私を支えてくれた妻と家族の皆、私を本好きに育ててくれた母に感謝の意を表し、筆を置くことにしたいと思います。

著作物　156
デジタル作品　154
デジタル情報　18,158
デジタル資料　138
デジタル表現　149,153,154
デジタルメディア　136
テレビ　140
電子図書館　147
電子目録　118
統計資料　135
同報機能　158
読書ノート　45
読書の習慣　34,169
図書館の「土地勘」　73,78
図書館活用教育　28
図書館クイズ　77,100,108,117,164
図書館利用指導の仕上げ　98
図書館利用の初歩　73,82
扉　61

【な】
日本十進分類法　74,99
ニュース番組　110
ネット社会　155
ネットワーク　18,21,24,157
年鑑　134,135
年間計画　29
ノート指導　32,111
ノンフィクション　103

【は】
ハイパーテキスト　23,139,153
ハイパーリンク　139
博物館　129,132
パスファインダー　23,150,151
凡例　63
非ICT　21
百科事典　79,114,129,133
表紙　61
ファイル資料　90
フィールドワーク　108
不揮発情報　153
複製　156,157,158
副読本　86,89
ブックトーク　34,103
プライバシー　155,157
ブラウザ・ソフト　22
分類　79,99,117
ページ　61,62,63,64
編集　143
ホームページ　22,138,147,149,150,151,153,154,156
ポスターセッション　109
本との出会い　72
本の構成　62

【ま】
見返し　61
メーリングリスト　44
メール　157,158
メディアリテラシー　17
メディアルーム　41
目次　61,135,150
目録　117

【や】
読み聞かせ　34,41,43,44,72,170

【ら】
ラベル　74,100
リスクマネジメント　155
リンク　139,153
リンク集　150
レファレンスツール　56,59,65,78,97,132
レポート作成　111,117,122
レポートの書き方　109

【わ】
ワークシート　65,100,142
ワープロソフト　154
ワンクリック詐欺　156

さくいん

【数字・アルファベット】
5W 1 H　141
ICT　20
NIE　140
WWW　149

【あ】
アウトラインプロセッサ　154
意欲＝力　165
印刷メディア　147
インターネット　17,22,118,146,149
インタビュー　109
ウェビング　109,114,115,118
映像資料　92
映像表現　110
奥付　61

【か】
カード　122
カード目録　118
学習資料センター　89
学校図書館のオリエンテーション　74,164
学校図書館のオリエンテーリング　77
学校図書館のコレクション　91,104
紙メディア　153
漢字辞典　78,133
間接体験　31
キーワード　23,58,59,113,114,115,118,135,143,150,151
教科書　86,87,89,113
携帯電話　17
検索　22,149
検索エンジン　150
検索指導　151
件名索引　151
件名目録　118
公共図書館　33,101,125
高度情報化社会　16
国語辞典　78,79,133,168
個人情報　155
コピー　156
コンピュータ　17,19,21,24,146,155
コンピュータの教育利用　21
コンピュータの利用指導　148
コンピュータリテラシー　22

【さ】
索引　63,64,135,150
作文指導　154
自己学習能力　17
集合の考え方　151
主題別目録　151
生涯学習社会　16
肖像権　157
情報カード　118
情報化社会　19,20
情報活用能力　19,20
情報教育　19,20
情報教育に関する手引　20
情報メディア　24
情報モラル　149,154
情報モラル教育　155
新聞　109,140
図鑑　59,132
セキュリティ　155
選書　44
専任の司書　41
専門百科事典　133
総合百科事典　133
卒業研究　97,130

【た】
体験活動　87
尋ねる技　54,56
単元別参考図書目録　92
団体貸し出し　60,92
知的財産権　155
朝陽第一小学校　28,43,77,92
直接体験　31
著作権　156
著作者　156

【著者紹介】

鎌田 和宏（かまた かずひろ）

帝京大学文学部教育学科・教職大学院教職研究科准教授。

東京学芸大学(社会科)、同大学大学院教育学研究科修了(社会科教育・歴史学)、東京都立学校、東京学芸大学附属世田谷小学校、筑波大学附属小学校を経て2008年より帝京大学文学部教育学科専任講師、2010年より現職。信州大学司書教諭資格取得講座、放送大学司書教諭科目「学習指導と学校図書館」を担当。

専門は教育方法学・教師教育。社会科・総合学習・生活科を中心にして、授業分析・授業構成・メディアを利用した学習活動、学校図書館の活用等を研究。

教育出版小学校社会科教科書執筆者、日本社会科教育学会（幹事)、全国社会科教育学会日本教師教育学会・日本生活科・総合的学習教育学会、社会科の初志をつらぬく会会員。著書に『先生と司書が選んだ調べるための本―小学校社会科で活用できる学校図書館コレクション』（少年写真新聞社、2008年）『移行期からはじめる新しい社会科の授業づくり3～6年』（日本標準、2009年）等がある。

e-mail:kamasen21@mac.com
URL:http://homepage2.nifty.com/kamata/

本書は、2005年10月から2006年7月にかけて『小学図書館ニュース』付録情報版に連載された「小学生の情報リテラシーを育てる～思い・願いをかなえるための力と技の教育～」に加筆修正したものです。

教室・学校図書館で育てる
小学生の情報リテラシー

2010年6月1日　第2刷　発行
著　者　　鎌田 和宏
発行人　　松本 恒
発行所　　株式会社 少年写真新聞社
〒102-8232　東京都千代田区九段北1-9-12
TEL 03(3264)2624　FAX03(5276)7785
URL:http://www.schoolpress.co.jp/
印　刷　　図書印刷株式会社

ISBN978-4-87981-233-9　C0037